Unsere Favoriten

Luxus der anderen Art
Unterkunft in einer Fischerhütte, im Schneehotel oder im Leuchtturm.

Friluftsliv als Lebensart
Kaum ein anderes Land bietet mehr Outdooraktivitäten als Norwegen.

Der Blick in die Ferne
Die Weite des Nordens erschließt sich am besten aus der Vogelperspektive.

Das Beste erleben

Berührend, aufregend und spannend ...
sind unsere Ideen, die wir für Ihren Aufenthalt
in Nordnorwegen zusammengetragen haben.

Typisch Norwegen

* 1 *
VEGA

Auf dem Archipel aus Inseln, Holmen
und Schären brüten im Sommer die Eiderenten.
Im Museum erfährt man, wie die wertvollen
Daunen gesammelt werden.
Seite 53

* 2 *
SENJA

Von der Norwegischen Landschaftsroute
entlang der Küste bieten sich Ausblicke auf
wilde Berge, Fjorde und Sandstrände.
Seite 97

* 3 *
NORDKAP

Auf 71° 10' 21" nördlicher Breite befindet sich
der Nordkapfelsen, 514 km nördlich des Polarkreises und 2100 km südlich des Nordpols –
das Sehnsuchtsziel aller Nordlandfahrer.
Seite 114

Kultur hautnah

* 4 *
NIDAROS-DOM

Skandinaviens größte mittelalterliche Kirche
ist der Stolz Trondheims.
Seite 39

* 5 *
KJERRINGØY

Der ehemalige Handelsplatz bei Bodø ist
heute ein Freilichtmuseum, in dem man
sich in die Zeit des Dichters Knut Hamsun
zurückversetzt fühlt.
Seite 68

3

92

Alternative: Anfahrt mit einem Hurtigrutenschiff wie der »Trollfjord«

34

»Aquavitbauer« Svein Berfjord auf der Halbinsel Inderøy hat Grund zur guten Laune.

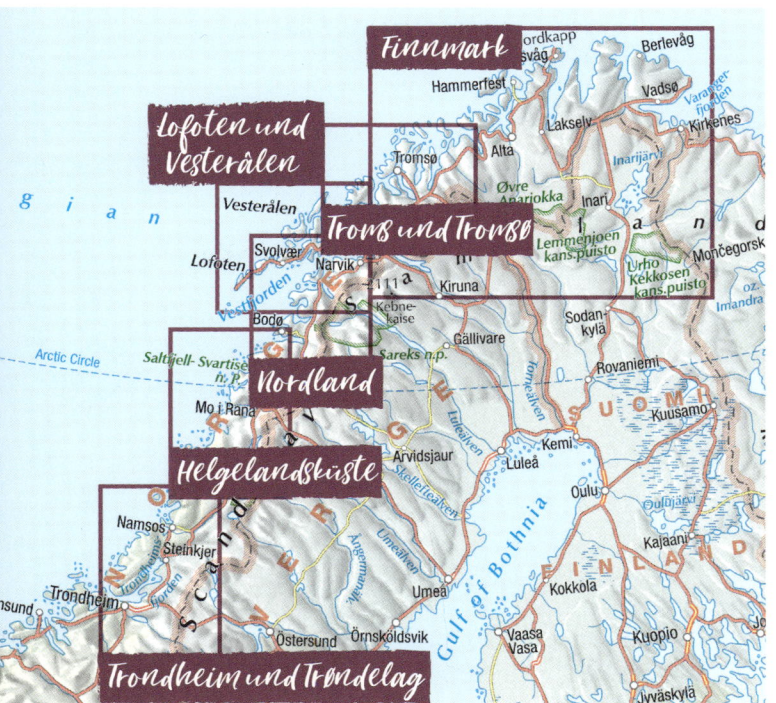

42

Nach Bootsfahrt und Wanderung wartet der Engabre, Teil des Svartisen.

56

Der Natur ganz nahe: Ausfahrt mit einem Schlittenhundegespann

Morn!

Für viele ist es ein Traum einmal am Nordkap zu stehen. Ein stählerner Globus am Rand eines rund 300 m senkrecht ins Meer abfallenden Schieferfelsens markiert das »Ende der Welt«. Obwohl: Es gibt weitere kleinere nördlich gelegene Inseln und auch auf dem Festland eine weiter nördlich ins Polarmeer hineinragende Landzunge. Doch das tut dem Besucherandrang am vermeintlich nördlichsten Punkt Europas keinen Abbruch.

DER WEG IST DAS ZIEL

Der Weg zum Nordkap beginnt in diesem Bildatlas in Trondheim (mehr zu Norwegens Süden im DuMont Bildatlas Nr. 178) und führt durch das nördliche Trøndelag, Nordland, Troms und die Finnmark zum legendären Kap. Unterwegs sind herausragende Sehenswürdigkeiten zu bestaunen, nicht zuletzt aber auch tolle Sporterlebnisse zu haben. Lassen Sie sich durch unsere Tipps inspirieren, probieren Sie einmal aus, wie es ist, sich mit einer Draisine fortzubewegen (S. 41), unternehmen Sie eine Radtour zum sagenumwobenen Torghatten (S. 55) oder begeben Sie sich auf Tauchstation vor den Lofoten (S. 65).

MIT DEM POSTSCHIFF IN DIE FJORDE

Bequemer als die lange Autoanfahrt ist natürlich die Fahrt mit einem Schiff der legendären Hurtigruten gen Norden. Erste Informationen zur »schönsten Seereise der Welt« liefert DuMont »Zur Sache« auf S. 92; wer sich genauer über die Reise per Postschiff informieren möchte, schaut im DuMont Bildatlas »Hurtigruten« (Nr. 153) nach. Wie auch immer Sie Norwegens Norden erkunden, es warten grandiose Landschaftseindrücke auf Sie. Herzlich

Ihre

Birgit Borowski

Birgit Borowski
Redaktion DuMont Bildatlas

Gleich zwei Fotografen haben die Bilder für diesen DuMont Bildatlas gemacht: Thomas Härtrich und Olaf Meinhardt. Letzterer nimmt gerne seine Familie mit, die hier am Laksfossen-Wasserfall steht. Den kennt Autor Christian Nowak natürlich auch. Er hat längst aufgehört zu zählen, wie oft er nach Skandinavien gereist ist.

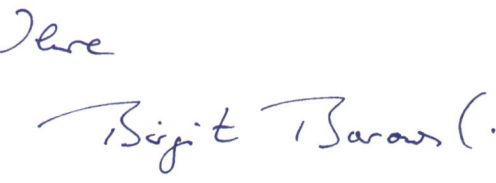

Grüne Wunder

BLICK IN DIE FERNE

Aus rund 1000 Metern Höhe schaut man von den Gipfeln der Sieben Schwestern auf die Fjorde und Inseln Helgelands. Die Fahrt entlang der Küste ist der schönste Einstieg in den hohen Norden. Je weiter man im Sommer nach Norden kommt, desto länger werden die Tage – bis jenseits des Polarkreises die Sonne gar nicht mehr untergeht und mit ihrem magischen Licht die grandiose, nur dünn besiedelte Landschaft bis zum Sehnsuchtsziel Nordkap verzaubert.

IM LICHT DER WINTERSONNE

Nördlich von Narvik am Altevatn hat Björn Klauer
seinen Traumplatz gefunden. Immer wieder staunen
seine Gäste über die Kraft und den Bewegungsdrang
seiner Hunde, wenn diese den Schlitten durch die
tief verschneite Wildnis ziehen. Dies ist nur eines der
faszinierenden Erlebnisse im winterlichen Norwegen,
denn auch Eisangeln, Skilaufen oder eine Fahrt mit
Hurtigruten entlang der Küste lohnen allemal.

DAS ALTE TRONDHEIM

So haben weite Teile der Stadt vor dem großen Brand
von 1681 ausgesehen. Enge Gassen, bunte und inein-
ander verschachtelte Holzhäuser prägen bis heute
den Stadtteil östlich des Flusses, wo Geschäfte,
Restaurants und ein studentisch geprägtes Nachtleben Einheimische wie Touristen anziehen.

ZWISCHEN FJORD UND FJELL

Majestätisch fließen die Eismassen des Engabre zu Tal. Doch die Natur im Norden Norwegens hat weit mehr Spektakuläres zu bieten. Wie die Inselwelt vor der Küste mit den Lofoten als Kulminationspunkt. Oder das Hochplateau der Finnmarksvidda, durch das die Samen mit ihren Rentierherden streifen. Wer die Einsamkeit sucht, wird die arktisch-karge und fast baumlose Landschaft der Varanger-Halbinsel besonders schätzen.

MÖWEN ALS VORHUT

Die Möwen wissen genau, wo es leichte Beute gibt. Kreischend folgen sie vor den Lofoten dem Boot durch den Raftsund, das auf der Suche nach Seeadlern ist. Diese warten, bis ein Fisch ins Wasser geworfen wird, erst dann erheben sie sich in die Lüfte. Seeadler- und Königskrabbensafaris, Tauchen und Schnorcheln vor den Lofoten, Vogelbeobachtung zwischen Nordkap und Varanger – Norwegen ist ein Paradies für Naturbeobachter.

FÜR JEDEN DAS PASSENDE

Bunte Holzhäuser mit Grassodendächern im Licht der Mitternachtssonne an einem kleinen See: Idyllischer und ruhiger als im »Vega Havhotell« kann man kaum nächtigen. Es gibt aber verlockende Alternativen für jeden Geschmack: das komfortable Ferienhaus als Rückzugsort vom Alltagsstress oder die Hütte auf dem Campingplatz für den kleinen Geldbeutel.

Besondere Übernachtungen

LUXUS DER ANDEREN ART

Wer das Besondere abseits der zugegebenermaßen guten, aber doch immer wieder wenig fantasievollen Kettenhotels sucht, auf den wartet im Norden Norwegens so manche Überraschung. Von der früheren Fischerhütte auf den Lofoten über das Schneehotel und den ehemaligen Leuchtturm bis zur Designlodge reichen die Angebote.

❶ Kirkenes Snowhotel

Wände, Mobiliar und sogar die Betten sind aus blau schimmerndem Eis – Rentierfelle und dicke Schlafsäcke garantieren kuschelige Nachtruhe. Jeder Raum des Eishotels ist ein Unikat, geschmückt mit Skulpturen, die Künstler aus aller Welt jedes Jahr neu gestalten. Deren raffinierte Beleuchtung schafft eine magische Stimmung. Gut isoliert übersteht der Eispalast sogar den Sommer.

Kirkenes Snowhotel,
Sandnesdalen 14, 9910 Bjørnevatn, Tel. 78 97 05 40, www.snowhotelkirkenes.com

❷ Nusfjord Rorbuer

Auf Stelzen direkt am oder sogar bis zu den Knien im Wasser: Vor allem auf den Lofoten sind die roten Holzhäuser überall zu finden. Um den kleinen hufeisenförmigen Hafen von Nusfjord, von Bergen gerahmt und früher eine wichtige Fischannahmestelle des Landes, drängen sich gut zwei Dutzend dieser historischen Fischerhütten – allesamt zu mieten, in der Regel mit allem Komfort, und manchmal gehört sogar ein Boot dazu. Tagsüber herrscht in diesem bewohnten Freilichtmuseum allerdings ziemlicher Trubel, denn Nusfjord gehört auch zum Ausflugsprogramm vieler Kreuzfahrtschiffe.

Nusfjord,
8380 Ramberg, Tel. 76 09 30 20, https://nusfjordarctic resort.com

❸ Rabothytta

Die 500. Hütte des Norwegischen Wandervereins DNT liegt auf 1200 m und ist damit die höchste Nordnorwegens. Benannt wurde sie nach einem französischen Geografen, der im 19. Jahrhundert den Svartisen-Gletscher vermessen hat. Von der Hütte in unmittelbarer Nähe des Okstindbre bieten sich fantastische Ausblicke auf die Bergwelt, doch auch architektonisch ist der kubische Bau mit seiner Holzverkleidung und den großen Fenstern ein Hingucker. Wer in der Hütte nächtigen möchte, muss die Wanderschuhe schnüren und vom Parkplatz rund 500 Höhenmeter aufsteigen.

Hemnes Turistforening,
Norwegischer Wanderverein, https://rabothytta. dnt.no

❹ Tranøy Fyr

Der rotweiße Leuchtturm von Tranøy steht auf einem Schärenbuckel am äußersten Ende von Hamarøy. Jenseits vom Vestfjord ist bei guter Sicht die Lofotenwand zu erkennen. Eine hölzerne Fußgängerbrücke führt zu der winzigen Insel und zu einer Handvoll kleiner Häuser, in denen früher die Leuchtturmwärterfamilien wohnten. Heute weist das Leuchtfeuer den Schiffen automatisch den Weg, so gibt es im Sommer Platz für gut ein Dutzend Übernachtungsgäste, die in einfachen, aber praktisch eingerichteten Zimmern wohnen. Das inseleigene kleine Restaurant sorgt für das leibliche Wohl.

Tranøy Fyr,
Tel. 99 70 44 99, https://tranoyfyr.no

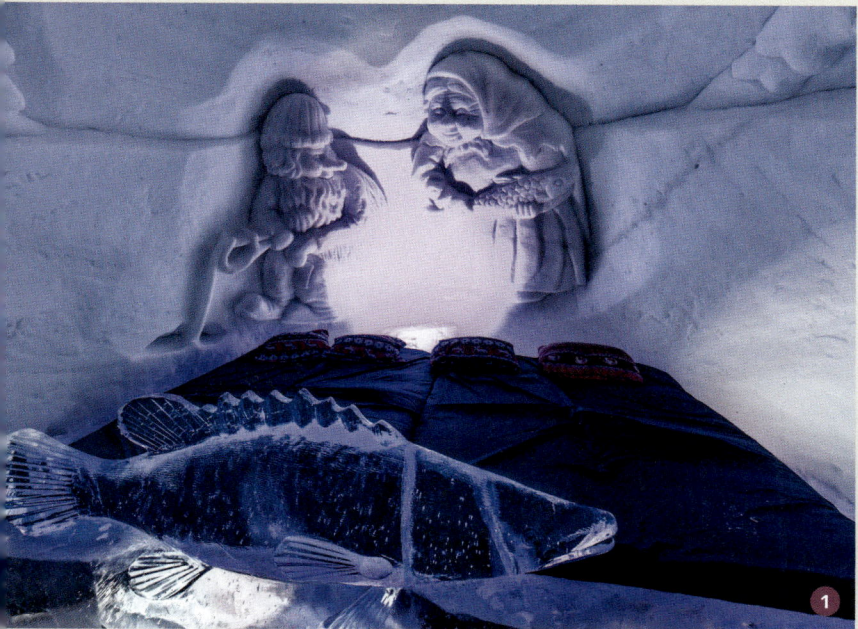

1

4

Europäisches Nordmeer
Nordkap
Hammerfest
1
Vesterålen
Lofoten 9 Tromsø
2 Murmansk
Narvik
NORWEGEN 4 Bodø RUSSLAND
7 3
8
5 6 SCHWEDEN
Trondheim
Bottnischer Meerbusen FINNLAND

2

5 Stokkøya Sjøsenter

An einer der Inselbuchten
Stokkøys liegt das Sjøsenter.
Dessen moderne Formen-
sprache sorgte schon für
Kritik, wurde aber auch als
Beispiel neuer Architektur
gelobt. Wohnen kann man
in Ferienhäusern und Zelten,
das Besondere sind jedoch
die SUB-Zimmer, wobei SUB
für »Schlafen unter dem
Boden« steht. Inspirieren
ließ sich der Architekt von
Erdkellern, aber keine
Sorge, die Einrichtung ist
sehr wohnlich. Für das
leibliche Wohl sorgt eine
Strandbar.

Stokkøya Sjøsenter,
Troningsveien 7, 7178
Stokkøya, Tel. 93 02 76 18,
https://stokkoya.no

6 Manshausen

Manshausen ist eine kleine
Insel im Schärengarten
nördlich von Bodø. Hier hat
der norwegische Aben-
teurer und Polarforscher
Børge Ousland zusammen
mit dem Architekten Snorre
Stinessen ein Ensemble
preisgekrönter Ferienhäuser
verwirklicht – Rorbuer des
21. Jahrhunderts. Insge-
samt gibt es mittlerweile
sieben Hütten, ihre verglas-
ten Fronten ragen über das
Wasser, der Rest der Bau-
körper ist mit Lärchenholz
verkleidet. Die Innenein-
richtung ist modern und
puristisch, der Ausblick
umwerfend.

Manshausen Island, 8283
Leinesfjord, Tel. 23 38 22 00
www.manshausen.no

7 Vega Havhotell

Die gelben Holzhäuser mit
den weißen Fenstern und
grünen Grasdächern liegen
an einem kleinen See und
schmiegen sich in die Natur
von Vega. Drinnen erwartet
die Gäste eine Mischung
aus modern und rustikal.
Für Komfort und Gastlichkeit
sorgen Ana und Jon Aga,
die ganz bewusst auf TV in
den 21 Zimmern verzichten,
um ihre Gäste zur Ruhe
kommen zu lassen. Dazu
gehört auch, dass man sich
für die Mahlzeiten von Jon
Aga viel Zeit nehmen sollte.

Vega Havhotell, Viksås,
8980 Vega, Tel. 94 85 73 90,
https://vegahavhotell.no

8 Namsen Salmon & Train Experience

Der Namsen gilt als eines
der besten Lachsreviere
weltweit. Bei Overhalla
überspannt eine nicht mehr
benötigte Eisenbahnbrücke
den Fluss. Auf ihr hat Torger
Haugen von der benach-
barten Farm vier rote aus-
rangierte Eisenbahnwaggons
aus den 1960er-Jahren zu
einem ungewöhnlichen
Hotel und Restaurant um-
gebaut. Ein Traum für Angler,
die beim Frühstück die
Lachse im Fluss springen
sehen können.

**Namsen Salmon &
Train Experience,**
Sørsivegen 3314, 7863
Overhalla, Tel. 41 45 25 35,
www.nste.no

9 Engholm Husky Design Lodge

Sven Engholm hat mit
seinem Team elfmal den
Finnmarksløpet, Europas
längstes Schlittenhunde-
rennen, gewonnen, auch
das Iditarod quer durch
Alaska hat er unter den
besten Zehn beendet.
In der Nähe von Kara-
sjok fand er den idealen
Platz für sich und seine
50 Schlittenhunde. Auf
seiner weitläufigen Farm
gibt es mittlerweile neun
außergewöhnliche Block-
häuser zu mieten. Jedes ist
ein rustikales Unikat und
zeigt, dass Sven Engholm
nicht nur hervorragender
Musher, sondern auch
ein guter Architekt und
Designer ist.

Engholm Husky, 9730
Karasjok, Tel. 91 58 66 25,
www.engholm.no

Trondheim und Trøndelag

*

MITTELPUNKT NORWEGISCHER GESCHICHTE

*

Im Mittelalter war Trondheim Norwegens Hauptstadt. Die Gegenwart der Universitätsstadt ist jung, bunt und modern. Fruchtbares Hügelland, ein mildes Klima und der direkte Zugang zum Meer locken seit jeher die Menschen nach Trøndelag, Bindeglied zwischen dem Süden und dem Norden des Landes.

In Trondheims alten Speicherhäusern am Fluss Nidelv sind heute Restaurants und Kreative zu Hause.

Das Museum im Erzbischöflichen Palais zeigt Ausstellungen zur norwegischen Geschichte und der Trondheims.

Der Wikinger Olav II. Haraldsson, wegen seiner kräftigen Statur auch »der Dicke« genannt, war ein skrupelloser Krieger und Abenteurer, der plündernd und mordend durch Europa zog. Am 29. Juli 1030 wurde er in der Schlacht von Stiklestad getötet und anschließend in Trondheim beigesetzt. Soweit die gesicherten Tatsachen – um sein Nachleben ranken sich allerdings zahlreiche Legenden. Begraben wurde er höchstwahrscheinlich in der Klemenskirche, deren Reste Archäologen jüngst hinter der Städtischen Bibliothek gefunden haben. Nach mehreren angeblichen Wundern, die im Zusammenhang mit Olavs Leichnam geschahen, wurde er bereits 1031 als Märtyrer heiliggesprochen und fand später im Nidaros-Dom seine letzte Ruhestätte. So wurde posthum aus dem Wikingerkönig, der die Christianisierung rücksichtslos vorangetrieben hatte, der hl. Olav und sein Grab zum Wallfahrtsort.

Bei den Ausgrabungen an der Klemenskirche fanden die Archäologen noch ältere Siedlungsspuren, die darauf hindeuten, dass Trondheim 50 oder vielleicht sogar 100 Jahre älter ist als bislang angenommen. Lange ging man davon aus, dass Olav Tryggvason die Stadt 997 am Fluss Nidelv gegründet hat. Vielleicht muss die Geschichte Trondheims ebenso wie die von Oslo umgeschrieben werden, denn auch in der Hauptstadt wurde wegen neuerer archäologischer Funde die Gründung um 50 Jahre auf das Jahr 1000 zurückdatiert.

AUFERSTANDEN AUS RUINEN

Während seiner langen Geschichte haben Brände immer wieder den Nidaros-Dom in eine Ruine verwandelt. Mit dem Wiederaufbau hat man sich oft Zeit gelassen, erst 1983 wurde die letzte Statue in die monumentale Westfront eingefügt. Wie die Statuen der Bischöfe, Heiligen und Könige einst ausgesehen hatten, ist nicht überliefert, deshalb konnten die Steinmetze ihrer Fantasie freien Lauf lassen. So bekam der mit Flügeln versehene Erzengel Michael auf der Spitze des Westturms das Gesicht des Sängers und Literaturnobelpreisträgers Bob Dylan. Der Bildhauer Kristoffer Leirdal wollte so vermutlich seinen Protest gegen Atomwaffen artikulieren und Dylans Widerstand gegen den Vietnamkrieg würdigen. Wer die Ähnlichkeit überprüfen möchte, kann sich im Souvenirshop eine Postkarte mit dem Erzengel kaufen.

Ganz links in der untersten Skulpturenreihe steht ein Mann mit einem Schwert in der Hand und dem Kopf eines toten Feindes zwischen den Füßen: der legendäre Stadtgründer Olav Tryggvason.

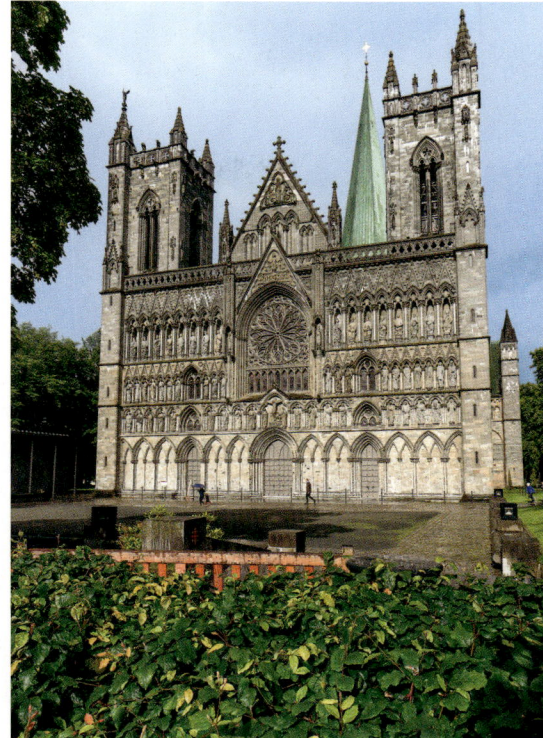

Trondheims Dom ist eine landesweit geschätzte Sehenswürdigkeit. Auch die Samen in Tracht bewundern den Figurenschmuck am Westwerk.

Eine sehr enge Wendeltreppe führt hinauf auf den Vierungsturm des Trondheimer Doms. Oben angekommen, belohnt ein weiter Blick über die Stadt.

Trotz mehrerer Wiederherstellungsperioden blieb das auf das 13. Jahrhundert zurückgehende gotische Erscheinungsbild mit prächtigen Glasfenstern erhalten.

Geschützturm der Kristiansten Festning: Zu Beginn des 18. Jahrhunderts konnte das Festungsbauwerk Trondheim vor schwedischen Truppen schützen

Das ehemalige Arbeiterviertel Møllenberg wirkt ein bisschen wie aus der Zeit gefallen – was es für die Jugend besonders anziehend macht.

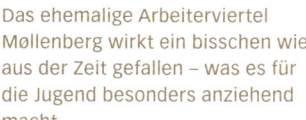

Die Brücke Gamle Bybrua überspannt seit über 150 Jahren den Fluss Nidelv.

Von der Festung Kristiansten hat man einen herrlichen Blick auf Trondheim.
In der zweiten Hälfte des 17. Jahrhunderts wurde sie nach typisch barocken
Festungsbauvorstellungen zum Schutz der Stadt errichtet.

SEINE STELLUNG ALS WELT-LICHES UND GEISTLICHES ZENTRUM HAT TRONDHEIM LÄNGST AN BERGEN UND OSLO VERLOREN. TOR ZUM NORDEN IST DIE STADT GEBLIEBEN.

Diese Statue wurde Anfang des 20. Jahrhunderts rekonstruiert, als der Polarforscher Fridtjof Nansen ein großer Held war. Deshalb hat Olav das Gesicht Nansens bekommen.

Gerhard Fischer war einer der Architekten, der Anfang des 20. Jahrhunderts maßgeblich am Wiederaufbau des Doms beteiligt war. Da er jedoch unter Höhenangst litt, musste seine Frau Tulla viele Arbeiten für ihn übernehmen. Anerkennung bekam sie für ihre Mithilfe nicht. Dies rächte der Bildhauer, der die Skulptur von König Ussia fertigte, indem er zu Füßen des Königs ein Fenster schuf, in dem Tulla auf einer Leiter zu sehen ist, ihren Mann auf dem Rücken. Vielleicht

ist Tulla Fischer deshalb heute bekannter als ihr Mann.

Nicht ganz einfach zu finden ist der Handwerker, der den letzten Stein einsetzt. Dazu muss man sich auf die rechte Seite des Vorplatzes stellen und durch das Geländer hoch oben an der Westfassade schauen. Dort sieht man seinen Kopf und den Stein, den er in der Hand hält, aber nie einsetzt. Denn würde er dies tun, würde Trondheim durch einen Erdrutsch in den Fjord gespült – so besagt jedenfalls eine Legende.

EIN NEUER STADTPLAN

Der Nidaros-Dom ist beileibe nicht die einzige Sehenswürdigkeit Trondheims mit einer interessanten Geschichte. Nur wenige Schritte vom Dom überspannt seit der Mitte des 19. Jahrhunderts die alte Stadtbrücke den Nidelv. Von ihr bietet sich der schönste Blick auf die bunten Lagerhäuser, die teils schon etwas windschief das Flussufer säumen. Jenseits der Brücke liegt mit Bakklandet einer der fotogensten Stadtteile Trondheims, seine kleinen historischen Holzhäuser beherbergen Restaurants, Cafés, Werkstätten und Boutiquen. Über Bakklandet thront die Festung Kristiansten, die General Caspar Cicignon nach dem

IM WESTEN STEIGT DAS TRØNDELAG AUS EINER ZERKLÜFTETEN FJORD- UND SCHÄRENWELT AUF, IM OSTEN IST ES VOM HOCHFJELL BEGRENZT.

Brand von 1681 anlegen ließ. Er war es auch, der für Trondheim einen komplett neuen Stadtgrundriss entwarf, der sich bis heute erhalten hat. Zum Mittelpunkt machte er den Marktplatz, hier kreuzen sich die beiden schnurgeraden Hauptachsen, die Kongensgata und die Munkegata – sie sollten die Ausbreitung von Bränden verhindern. In der Mitte des Platzes erinnert auf einer Säule ein Standbild an den Stadtgründer und Wikingerkönig Olav Tryggvason. Die Säule bildet den Mittelpunkt einer großen Sonnenuhr. Das Pflaster zeigt die vier Himmelsrichtungen – diese Kompassrose soll an die Navigationskunst der Wikinger erinnern.

DER ADLERMANN

Fast jeden Morgen schlendert Ole Martin Dahle zum Hafen von Lauvsnes, steigt in sein kleines Boot und startet zu einer rasanten Fahrt auf dem Fjord. Mit an Bord sind in der Regel Tierfotografen und Filmteams auf der Suche nach spektakulären Aufnahmen von Seeadlern. Ole

Schon auf dem Weg zur Halbinsel Inderøy, zum kleinen Hafen von Kjerknesvågen (oben), geht es durch menschenleere Natur mit viel Platz für ein Picknick und einen Stopp (unten).

Das 2004 eingeweihte Kystmuseet Norveg in Rørvik auf der Insel Indre Vikna, dessen Fassade drei silbernen Segeln gleicht, wurde schon mehrfach für seine Architektur ausgezeichnet

Der Blick vom Husfjell auf die Insel- und Schärenlandschaft um Rørvik zeigt deutlich, warum die Inselgruppe Vikna die längste Küstenlinie Norwegens besitzt – sie kommt insgesamt auf imposante 2460 Kilometer.

Seit 2010 ist die Insel Leka eines
von Norwegens geologischen
Nationaldenkmälern. Das dortige
charakteristische gelbrote Gestein
findet man sonst nur auf der amerikanischen Seite des Atlantiks
(oben). Unweit der offenen See
liegt das burgartige Herrenhaus
Austrått am Trondheimsfjord;
die Galerie des Innenhofs stützen
»törichte und kluge Jungfrauen«.
Der Renaissancebau ist in den
Sommermonaten zu besichtigen
(unten).

Nicht nur Wohnmobilisten schätzen die Insel Leka (oben). Im Park von Austrått (Mitte).
Steinzeitliche Wandmalereien in der Solsem-Höhle auf der Insel Leka (unten).

Martins Markenzeichen sind Schirmmütze, Sonnenbrille und der rotblonde Wikingerbart. Eine Hand hat er lässig am Steuer, die andere hält er weit ausgestreckt, um mit Brotstückchen Möwen anzulocken. Die picken ihm die Leckerbissen kreischend aus der Hand. Dies wiederum weckt die Aufmerksamkeit der Seeadler, die in den Felswänden am Fjordufer ihre Horste haben.

Bald lässt Ole das Boot auf dem Fjord dümpeln, fischt eine Makrele aus dem Eimer neben sich und wirft sie über Bord. Lange dauert es nicht, bis ein Seeadler die Beute ausgemacht hat und mit wenigen Flügelschlägen von seinem Horst aufsteigt. Majestätisch gleitet der Raubvogel zur Wasseroberfläche, streckt im letzten Moment die Beine mit den scharfen Krallen vor, greift den Fisch, erhebt sich wieder in die Lüfte und kehrt zum Horst zurück, in dem die Jungen

FISCHEREI UND LANDWIRTSCHAFT WAREN ÜBER JAHRTAUSENDE DOMINIERENDE ERWERBSZWEIGE. »FISCHBAUERN« BESTIMMTEN DAS LEBEN AN DER KÜSTE.

warten. Ole kennt natürlich jeden Adler in der Umgebung, dies war Miguel, einer seiner Lieblinge. Schon viele Jahre sind sie ein eingespieltes Team. Damals kam ein Engländer zu ihm und wollte immer wieder »seinen« Adler sehen; dieser Engländer hatte einen spanischen Namen: Miguel. Seitdem wissen Naturfotografen auf der ganzen Welt, dass ihnen der »Eagle Man« die besten Seeadlerfotos ermöglicht. Ole Martin Dahle ist immer noch begeistert wie am ersten Tag: »Ich lebe an einem wunderschönen Ort, bin jeden Tag in der Natur und treffe nette Menschen – ich kann mir nichts Besseres vorstellen.«

Die alte Eisenbahnstrecke von Grong nach Namsos führt immer am Namsen entlang. Heutzutage lässt sie sich so gemütlich mit einer Draisine befahren, dass selbst zum Beerenpflücken Zeit bleibt.

Die Draisinenstrecke entlang dem Namsen beginnt am Campingplatz von Namsos.

Der Bergbau in Røros gehört längst der Vergangenheit an. Doch die Altstadt zeigt sich noch so, wie sie zu Zeiten der Untertage-arbeit entstand – was der UNESCO den Welterbestatus wert war.

Die Küstenstraße R 17 wird gern als »Panoramastraße ins Land der Mitternachtssonne« bezeichnet – hier zwischen Grong und der Insel Leka.

Special

Lachsangeln

König der Angelflüsse

Von der schwedischen Grenze fließt der Namsen mehr als 200 Kilometer durch Nord-Trøndelag, bis er bei Namsos in den Fjord mündet. Unter Anglern gilt der Namsen als »König der Flüsse«. 2013 wurde er zu Norwegens bestem Lachsfluss gekürt, aber auch in den anderen Jahren taucht er fast immer unter den ersten Zehn auf.

Während der dreimonatigen Angelsaison von Juni bis August ist der Fluss in knapp 30 Reviere unterschiedlicher Länge und Qualität unterteilt. Am Anfang der Saison wandern hauptsächlich die fünf bis sechs Jahre alten Fische, es ist die beste Zeit für diejenigen, die auf ein 15 bis 20 Kilogramm schweres Prachtexemplar aus sind. Am Fiskumfoss befindet sich die längste Lachstreppe Europas. Auch hier ist alles streng reglementiert, für beide Uferseiten werden pro halbem Tag nur acht Angelkarten vergeben. Im Juni kann man mit jeder

Ausrüstung sein Glück versuchen, im Juli und August wird eher die Fliege bevorzugt. Im Revier Fiskumfoss stehen zu manchen Zeiten mehrere Tausend Lachse, doch auch hier besteht die Kunst darin, sie zu fangen.

STEINZEITMALEREIEN

Leka liegt ein gutes Stück abseits der Hauptrouten. Viele Angler machen diesen Abstecher, weil das Meer um die Insel sehr fischreich ist. Die meisten haben es auf Heilbutt abgesehen, und insgeheim hoffen sie, dass sie ihren Fang mit dem Traktor abtransportieren müssen. So viel Glück ist nicht ganz unwahrscheinlich, der schwerste vor Leka gefangene Heilbutt wog immerhin 230 Kilogramm!

Interessant ist die Insel aber auch für Geologen, denn hier wurde durch tektonische Prozesse Millionen Jahre alter Ozeanboden an den europäischen Kontinent geschweißt – zu sehen als zerschundene Felsen und imposante Verwerfungen des gelbroten Serpentingesteins.

Auch die Solsem-Höhle lohnt einen Besuch, warten in ihrem Innern doch die ältesten bekannten Höhlenmalereien Nordeuropas auf Besucher. In der erst 1912 entdeckten Höhle wurden 21 Abbildungen gefunden, die bis zu 4000 Jahre alt sein könnten. Mit wohl aus gemahlenem Gestein oder Tierblut hergestellten Farben haben Steinzeitmenschen 30 bis 40 Zentimeter große Menschenfiguren auf den Fels gemalt. Deren Bedeutung ist noch unklar. Eine der Theorien besagt, die Höhle sei ein Opferplatz gewesen – dafür sprechen Feuerstellen und Knochen, die man hier gefunden hat.

Regionale Küche in Trøndelag

DER GOLDENE UMWEG

Ein Abstecher führt auf die Halbinsel Inderøy im Trondheimsfjord. In diesem besonders schönen und geschichtsträchtigen Teil der Region Inherred haben sich in den 1990er-Jahren lokale Unternehmen zusammengeschlossen, um sich gemeinsam zu vermarkten. Mittlerweile umfasst dieser »Goldene Umweg« über 20 Angebote, darunter Hofläden, Restaurants und Cafés, aber auch ungewöhnliche Hotels, Galerien und Ateliers, Skulpturenparks und sogar historische Orte.

Auch für eine Kaffeepause immer gut:
Gulburet-Hofcafé auf Inderøy

Wie könnte wohl Elch-Eis schmecken? Diese Frage hat sich Astrid Aasen von der Gangstad-Hofkäserei gestellt. Nach langem Tüfteln und Probieren kann sie nun das Ergebnis präsentieren. Für ihre in Norwegen einmalige Spezialität musste aber kein König der Wälder sein Leben lassen, denn Hauptbestandteile sind Milch, junge Fichtennadeltriebe und Preiselbeeren. Wem das zu exotisch ist, der kann natürlich auch die Sorten Erdbeere, Sanddorn, Karamell oder Lakritz probieren.

Stolz ist Astrid auch auf ihren Käse, den sie natürlich für den besten der Welt hält – nicht ganz zu unrecht, denn prämiert wurde er schon. Ihr Käse wird zwar mittlerweile in ganz Norwegen verkauft, doch viele kommen von weit her, um die gemütliche Atmosphäre auf ihrem Hof, der mittlerweile seit 100 Jahren in Familienbesitz ist, zu genießen. Im Sommer herrscht immer Betrieb, bei schönem Wetter sitzt man draußen und probiert einige Eis- und Käse-

sorten, bei schlechtem Wetter geht es in die gute Stube.

Vor 20 Jahren war Gangstad die erste Hofkäserei in Norwegen, heute gibt es mehr als 150. Mit der Käseherstellung haben sie damals angefangen, weil der Milchverkauf nicht genug einbrachte, heute liefern 40 Milchkühe den Grundstoff für acht Käsesorten und die Eisspezialitäten. Ein Bio-Label besitzt der Hof nicht. Braucht er auch nicht, sagt Astrid, denn jeder weiß, dass hier alles Bio ist. »Die Kühe fressen nur Gras und bekommen keine Antibiotika, mehr Bio geht nicht«, sagt sie stolz.

KÖSTLICHKEITEN AUS DEM LAGERHAUS

Liv Elin von der Værdal Østre Farm und ihr Mann Arve gehören zu den Gründungsmitgliedern des Goldenen Umwegs. Heute haben sie 20 Kühe, brauen Bier, betreiben eine Bäckerei, einen Hofladen und ein Café. Dreh- und Angelpunkt für Besucher ist »Gulburet«, ein gelb gestrichenes ehemaliges Lagerhaus. Wenn Liv Elin nicht gerade Brot, Kekse oder Kuchen backt, verkauft sie im Hofladen. Dessen Regale biegen sich unter regionalen Produkten – vom Vollkornmehl über Marmeladen, Honig, Wurst und Käse

In der Gangstad-Käserei gibt es herrliches Speiseeis in all den Farben, die Norwegens Natur hergibt.

Inderøys Hof Gulburet mit seinem Café und seinem Hofladen

im Glasslåven, einer Fundgrube für Glaskunst und Naturmaterialien wie Wolle, Leinen und Baumwolle. Und gleich nebenan verlockt noch eine kleine Galerie zum Souvenirkauf.

LEBENSWASSER AUS INDERØY

Auf Svein Berfjords T-Shirt prangt in großen Lettern Aqevittbonde, was soviel wie Aquavitbauer bedeutet. Bauer auf dem aussichtsreich gelegenen Berg Gård ist er schon lange, er hält Freilandschafe, verkauft Gepökeltes, Honig und vieles mehr in seinem Hofladen und bewirtet Gäste im Restaurant. Aber seit 2001 baut er auch Kümmel an, den er anfangs an Aquavithersteller verkaufte. Doch dann kam ihm die Idee, mit dem Kümmel sein eigenes Lebenswasser herzustellen und damit eine alte Tradition von Inderøy wiederzubeleben. Aufzeichnungen belegen, dass schon in der ersten Hälfte des 16. Jahrhunderts Erzbischof Olav Engelbrektsson den edlen Tropfen zu schätzen wusste. Aquavit stand damals hoch im Kurs, galt im Norden als universelles Heilmittel und wurde deshalb auch »aqua vitae«, Lebenswasser eben, genannt.

Kümmel liefert zwar das Hauptaroma eines guten Aquavits, doch auch Anis, Fenchel, Kardamom, Koriander und Zitronenschale gehören in das hochprozentige Destillat. Lange hat Svein Berfjord getüftelt, bis ein brauchbarer Aquavit in den alten Sherryfässern landete. Nach eigener Aussage ist er aber noch lange nicht am Ziel, denn dies sei seiner Meinung nach erst erreicht, wenn alle Zutaten aus Inderøy kommen. Bis es soweit ist, kann man sich von der bereits erreichten Qualität des »Inderøy Akevitt 1« und des »Inderøy Taffel Akevitt« überzeugen. Nach skandinavischer Tradition gießt Svein sein Wässerchen nie eiskalt ins Glas, nur so kann es sein volles Aroma entfalten. In seinem Restaurant darf er zwar Hochprozentiges ausschenken, die Flaschen, die er in seiner Destillerie alle eigenhändig etikettiert, bekommt man jedoch nur in Vinmonopolet-Läden – Norwegens Alkoholgesetze sind eben bis ins letzte Tal sehr streng.

bis zum Kräutertee. Bei gutem Wetter kann man es sich im Garten mit einer Tasse Kaffee und einem Stück Kuchen oder einem Sandwich gut gehen lassen, ansonsten bietet das rustikale Café im ersten Stock Gemütlichkeit. Von Gulburet sind es nur wenige Schritte über den Hof und man steht

Informationen

....

Der Goldene Umweg (Den Gyldne Omvei), https://dgo.no
Gangstad Gårdsysteri, Nessetvegen 11, 7670 Inderøy, www.ysteri.no; Mo.–Fr. 9.00–15.00 Uhr
Gulburet, Sandvollanvegen 391, 7670 Inderøy, www.gulburet.no; Mitte Juni–Mitte Aug. Di.–So. 11.00–17.00 Uhr, sonst kürzer
Berg Gård, Kjelvikvegen 71, 7670 Inderøy, https://berg-gaard.no; Do., Fr. 11.00–16.00, Sa. 11.00–15.00 Uhr
Husfrua Gårdshotell, Sakshaugvegen 44a, 7670 Inderøy, https://husfrua.no. Lise und Per Magnus bieten in einem restaurierten Holzhaus für Gäste neun mit Antiquitäten eingerichtete Zimmer und drei komfortable Hütten; im Sommer betreiben sie zur Mittagszeit ein Café. Von ihrem Hof auf einem Hügel bieten sich weite Blicke über die Halbinsel Inderøy.

Magischer Norden:

AIDA Reisen nach Norwegen

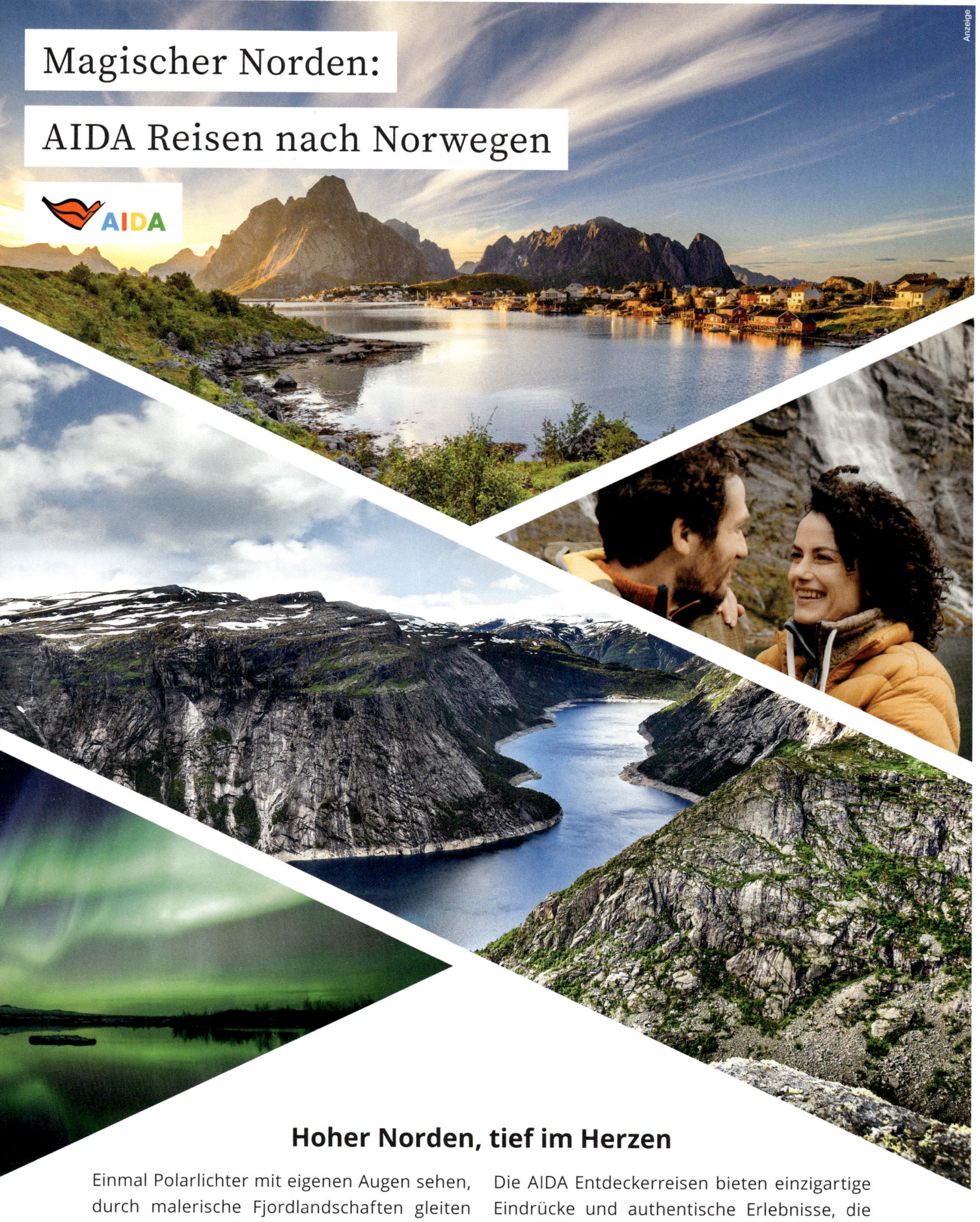

Hoher Norden, tief im Herzen

Einmal Polarlichter mit eigenen Augen sehen, durch malerische Fjordlandschaften gleiten und die Weite der sagenhaften Lofoten-Strände genießen: Lassen Sie sich in Ihrem nächsten Urlaub vom Zauber des Nordens begeistern.

Die AIDA Entdeckerreisen bieten einzigartige Eindrücke und authentische Erlebnisse, die Ihnen den wahren Charakter der Region näherbringen. Leinen los für ein unvergessliches Abenteuer!

Träume erfüllen: Reisebüro | AIDA Kundencenter +49 381 20 27 07 07 | aida.de | AIDAradio.de

AB DURCH DIE MITTE

Im Mittelalter pilgerten die Menschen zum Grab Olavs des Heiligen im Nidaros-Dom, heute kommen sie, um eine der schönsten Kathedralen Nordeuropas zu bewundern. Trøndelag hat aber noch viel mehr als Trondheim zu bieten. Die Provinz reicht von der alten Bergarbeiterstadt Røros im Gebirge bis zu den kleinen Fischerdörfern auf den Inseln und Schären vor der Küste.

❶ Trondheim

König Olav II. Haraldsson machte Trondheim, seinerzeit hieß es Nidaros, vor rund 1000 Jahren zur bedeutendsten Stadt des Landes und zu einem Zentrum der Christianisierung. Auch nach ihm blieb die Stadt am Nidelv ein wichtiges Machtzentrum und vereinte Hauptstadt, Königsresidenz und Bischofssitz. Als der letzte katholische Erzbischof 1537 Trondheim verließ, folgten viele Jahre des Niedergangs, erst im 18. Jh. ging es wieder bergauf. Heute ist die Stadt am gleichnamigen Fjord mit rund 210 000 Einw. die drittgrößte Norwegens, ihr kulturelles Leben prägen rund 35 000 Studierende. Die meisten Sehenswürdigkeiten befinden sich in der kleinen, nach 1681 rechtwinklig angelegten Altstadt zwischen Fjord und Nidelv, mit dem Marktplatz als Zentrum.

In Trondheims früherem Arbeiterviertel Møllenberg (links), amphibisches Idyll am Nidelv (rechts oben). Das Erzbischöfliche Palais gehört zu den ältesten Bauten der Stadt (rechts unten).

SEHENSWERT

Größte Sehenswürdigkeit ist der **Nidaros-Dom TOPZIEL** (Urspr. 11. Jh.), der sein heutiges gotisch rekonstruiertes Aussehen ab 1869 erhielt (www.nidarosdomen.no; Juni–Aug. Mo.–Fr. 9.00–18.00, Sa. 9.00–15.00, So. 13.00–17.00, sonst Mo.–Fr. 9.00–14.00, Sa. 9.00–15.00, So. 13.00–16.00). Nach nur wenigen Schritten ist man an der **Gamle Bybrua** (1861) mit dem Glücksportal im neugotischen Stil und schaut auf die hölzernen Speicherhäuser aus dem 18. und 19. Jh. zu beiden Seiten des Flusses. Jenseits der Brücke liegt der Stadtteil **Bakklandet** mit vielen alten Holzhäusern, in denen sich gemütliche Cafés und Restaurants befinden. Über der Stadt thront die Festung **Kristiansten** von 1681. Im **Stiftsgården**, einem prächtigen Holzgebäude (um 1770), wohnt die Königsfamilie während ihrer Trondheimbesuche (Munkegata 23, www.nkim.no/stiftsgarden; Führungen Juni–Mitte Aug. Mo.–Sa. stündl. 10.00–15.00, So. 12.00 bis 15.00 Uhr). Auf dem **Torget**, dem Marktplatz, gibt es seit 1923 eine Säule mit dem Standbild des Stadtgründers Olav Tryggvason.

MUSEEN

Neben dem Dom befindet sich das **Erzbischöfliche Palais** (Urspr. 12. Jh.), bis zur Reformation Wohnsitz der Bischöfe und später örtlicher Adligen. Heute beherbergt es Museen zur Geschichte Norwegens und Trondheims (Erkesbispegården, Kongsgårds gate 1b, www.nidarosdomen.no; Juni–Aug. Mo.–Fr. 10.00–17.00, Sa. 11.00–15.00, So. 12.00–16.00, sonst Di.–Fr. 11.00 bis 14.00, Sa. 11.00–15.00, So. 12.00–16.00 Uhr, Krönungsinsignien nur Sa. und So.).

Im **Kunstmuseum** nahe dem Dom sind überwiegend norwegische Werke der letzten 150 Jahre zu sehen (Bispegata 7B, https://trondheimkunstmuseum.no; Mitte Juni–Aug. Di.–So. 11.00 bis 17.00, sonst Mi. 12.00–20.00, Do.–So. 12.00 bis 16.00 Uhr). Liebhaber von Segelschiffmodellen, Galionsfiguren, Navigationsinstrumenten und maritimen Bildern kommen im **Sjøfartsmuseum** im Nordosten der Altstadt auf ihre Kosten (Kjøpmannsgata 75, https://trondheimsjofart.no; Mo.–Fr. 10.00–15.00, Sa., So. 12.00–16.00 Uhr). Das naturgeschichtliche **Vitenskapsmuseet** bietet botanische, zoologische und mineralogische Sammlungen sowie eine Ausstellung zur Stadtgeschichte ab der Wikingerzeit (Erling Skakkes gate 47a, www.ntnu.no/museum; Di.–Fr. 10.00–16.00, Sa., So. 11.00–16.00 Uhr).

VERANSTALTUNGEN

Während des **Olavsfestivals** Ende Juli/Anf. Aug. wird mit Konzerten, Ausstellungen, Theatervorführungen und einem Mittelaltermarkt an Olav den Heiligen erinnert (https://olavsfest.no). Zur gleichen Zeit genießt man beim **Trøndersk Matfestival** regionale Spezialitäten (www.matriketmidt.no/trondersk matfestival).

NACHTLEBEN

Ein Zentrum des Nachtlebens ist die Bryggen-Speicherhausreihe am Nidelv. Auch in Bakklandet, jenseits der Bybrua, ist im Sommer viel los. Gute Adressen sind der Pub **Den Gode Nabo** (Øvre Bakklandet 66) und die Cafébar **Antikvariatet** (Nedre Bakklandet 4).

HOTEL UND RESTAURANTS

Das **€€ Hotel Bakklandet** wurde in eine Lücke der alten Speicherhäuser am Fluss gebaut und ahmt diese nach. Gewohnt guter Scandic-Standard; schön ist der Blick auf den

Fluss (Nedre Bakklandet 60, 7014 Trondheim, Tel. 72 90 20 00, www.scandichotels.com). Die €€ **Trondhjem Mikrobryggeri** serviert zu diversen im Haus gebrauten Bieren gehaltvolle Burger (Prinsens gate 39, Tel. 73 51 75 15, www.tmb.no). Schon das historische Gebäude der €€ **Bakklandet Skydsstation** lohnt den Besuch. Kaffee und Kuchen, Stockfisch und die Fischsuppe sollte man sich nicht entgehen lassen (Øvre Bakklandet 33, Tel. 73 92 10 44, www.skydsstation.no). In den hohen, hellen Räumen des €€–€€€ **Café Grafen**, ehemals die Telegrafenstation der Stadt, wird gute, französisch inspirierte Küche serviert (Kongensgate 8, Tel. 46 96 33 64, https://grafentrondheim.no).

UMGEBUNG

Das Egon Tårnet Restaurant in 80 m Höhe auf dem **Fernsehturm** östlich vom Stadtzentrum bietet die beste Aussicht über Trondheim (Otto Nielsens veg 4, http://ftp.kosmos.de). Nordöstl. des Trondheimer Zentrums bildet das Herrenhaus **Ringve Gård** (Urspr. 16. Jh.) einen stilvol-

Bergstadtarchitektur (oben) und Museum in Røros (rechts oben); im Musikinstrumentenmuseum Ringve Gård (rechts unten)

len Rahmen für das Ringve Musikinstrumenten-Museum. Einige Zimmer mit Bezug zu berühmten Komponisten wie Grieg, Mozart oder Beethoven sind im Stil ihrer Zeit möbliert. Bei Führungen werden historische Instrumente gespielt; norwegische Volksmusikinstrumente lassen sich über einen Audioguide anhören. Zudem gibt es eine Sammlung von Tasten-, Blas- und Streichinstrumenten aus aller Welt. Umgeben ist der Herrenhof von einem Botanischen Garten im englischen Stil (Lade allé 60, http://ringve.no; Juni-Aug. tgl. 10.00–17.00, sonst Di.–So. 11.00–16.00 Uhr).

Das Kulturzentrum von **Stiklestad** (95 km nordöstl. hinter Levanger) präsentiert Ausstellungen über den Nationalheiligen Olav und ein Freilichtmuseum (https://stiklestad.no).

INFORMATION

Trondheim Turistinformasjon, Nordre gate 10, 7011 Trondheim, Tel. 73 80 76 60, http://visittrondheim.no

② Røros

Eine Stadt wie ein Freilichtmuseum. Von der Mitte des 17. Jh.s an wurde im Schmelzwerk von Røros (5600 Einw.) Kupfererz verhüttet; 1977 schloss die letzte Grube. Fast die gesamte alte Bausubstanz – überwiegend Holzhäuser – ist erhalten geblieben, weshalb der Ort von der UNESCO als Weltkulturerbe geführt wird. Charakteristisch sind die kleinen Arbeiterwohnungen in der Nähe der Schlackehalden; wer es sich leisten konnte, lebte in repräsentativen Häusern im unteren Teil der Stadt. Wahrzeichen der Stadt ist die achteckige Barockkirche von 1784, die lange das einzige Steingebäude war.

MUSEUM

In der früheren Schmelzhütte befindet sich ein **Museum,** das die Geschichte des Bergbaus in Røros beleuchtet (Lorents Lossius gata 45, https://rorosmuseet.no/; Mitte Juni–Mitte Aug. tgl. 10.00–17.00, sonst 10.00–15.00/16.00 Uhr).

VERANSTALTUNGEN

Im Dez. wird ein stimmungsvoller **Weihnachtsmarkt** veranstaltet, im Feb. der fünftägige Wintermarkt **Rørosmartnan** mit Paraden, Skirennen und Tanzveranstaltungen.

RESTAURANT

Nostalgie pur bietet die €€ **Kaffestuggu Røros**. Ein ruhiger Innenhof, ochsenblutrot gestrichene Häuser und eine nostalgische Einrichtung bilden den Rahmen für typisch norwegische Hausmannskost (Bergmannsgata 18, Tel. 72 41 10 33, https://kaffestuggu.no).

EINKAUFEN

Per Lysgaards erinnert mit seinen **Keramikkreationen** an Gaudí und Hundertwasser. In den Ausstellungsräumen sind viele seiner farbenfrohen Kunstwerke zu sehen (Kjerkgata 5, www.lysgaard.no).

UMGEBUNG

Die nordöstl. gelegene aufgelassene Kupfermine **Olavsgrube** kann im Sommer bei Führungen besichtigt werden. Auch Konzerte werden unter Tage veranstaltet (Olavsgruva, www.rorosmuseet.no; Mitte Juni–Mitte Aug. tgl. 10.00, 12.00, 14.00, 16,00, Anf.–Mitte Juni und Mitte Aug.–Mitte Sept. tgl. 15.00 Uhr).

INFORMATION

Destinasjon Røros, Peder Hiorts gate 2, 7374 Røros, Tel. 72 41 00 00, www.roros.no

③ Namsos

Der kleine Ort am Namsen wurde in seiner nicht einmal 200-jährigen Geschichte mehrfach durch Brände und Bombardements zerstört und hat deshalb ein modernes Stadtbild. Gegründet wurde Namsos als Verladehafen für Holz, in jüngerer Vergangenheit hat es als Zentrum des sogenannten Trønder Rock landesweit von sich reden gemacht, der regionale Folklore mir Popmusik verbindet.

MUSEUM

Im **Namdalsmuseum** werden in gut einem Dutzend historischer Gebäude Exponate zur Küstenkultur und zum Namdal gezeigt (Kjærlighetsstien 1, https://namdalsmuseet.no, Di.–So. 12.00–16.00).

HOTEL

Das **€€/€ Hotel Rock City** ist dem Trønder Rock gewidmet. Vor der Tür steht der Tourbus der ehemaligen Rockband Prudence, in der Lobby haben Musiker ihren Stern wie auf dem Walk of Fame in Hollywood. Auch die Zimmer haben den Trønder Rock zum Thema (Sverresgate 35, 7800 Namsos, Tel. 74 22 40 00, www.scandichotels.no/rockcity).

UMGEBUNG

Nördl. des bei Lachsanglern beliebten **Grong** (45 km östl.) lohnt der **Fiskumfoss** einen Besuch. Hier gibt es eine Lachstreppe und einen Wanderweg entlang des Wasserfalls.
Ole Martin Dahle in **Lauvsnes** (68 km westl.) organisiert das ganze Jahr über Wildlife-Safaris; neben Seeadlern bringt er seine Gäste auch zu Moschusochsen, Elchen, Auerhähnen und Alpenschneehühnern. In seinem Gästehaus wohnt man direkt am Meer (Tel. 90 69 64 73, 7770 Lauvsnes, http://norway-nature.com).

INFORMATION

Namsos Kommune, Stavarvegen 2, 7856 Jøa, Tel. 74 21 71 00
https://namsos.kommune.no

④ Rørvik

Rørvik (4000 Einw.), größter Ort auf der Insel Vikna, liegt inmitten mehrerer Tausend Inseln und lebt noch weitgehend vom Fisch. Zwischen Festland und Vikna liegt der enge, viel befahrene Nærøysund, der als Tor zum Nordland gilt. Hier treffen sich allabendlich die nord- und südgehenden Schiffe der Hurtigruten.

SEHENSWERT

Für ein hübsches Ortsbild sorgen einige alte **Speicherhäuser** aus dem 19. Jh. und die frühere Handelsstation **Berggården,** die einen Laden aus dem 19. Jh. beherbergt.

MUSEEN

Im **Kystmuseet Norveg,** zu dem auch **Berggården** gehört, wird die 10 000-jährige Geschichte der Region dokumentiert (Strandgata 7, https://kystmuseetnorveg.no; Juni bis Aug. Mo.–Sa. 10.00–16.00 Uhr).

UMGEBUNG

Südw. von Rørvik breitet sich auf mehreren kleinen Inseln der zum Küstenmuseum zählende und denkmalgeschützte Fischerort **Sør-Gjæslingan** aus. Im Sommer organisiert das Turistkontor Tagesausflüge.

INFORMATION

Rørvik Turistkontor, Strandgata 7, 7900 Rørvik, Tel. 74 39 04 41

MIT DER DRAISINE ZU DEN LACHSEN

Mit einer Draisine auf stillgelegten Bahnstrecken zu fahren, ist in Norwegen ein eher seltenes Vergnügen. In Trøndelag aber kann man entlang dem Namsen, der als König der Lachsflüsse gilt, einen entspannten Tagesausflug mit Picknick unternehmen.

Die eingleisige Bahnstrecke verläuft zwischen Namsos und Grong und wurde 1934 in Betrieb genommen. 1978 wurde der Personenverkehr eingestellt, 2012 war dann auch für den Gütertransport endgültig Schluss. Seit einiger Zeit ist es möglich, vom Campingplatz in Namsos mit einer Draisine bis nach Skage zu fahren, hin und zurück sind es rund 25 Kilometer. Damit es möglichst wenige Begegnungen mit entgegenkommenden Draisinen gibt – denn dann muss immer eine aus den Schienen gehoben werden –, gibt es täglich drei feste Abfahrtszeiten (10.00, 14.00 und 18.00 Uhr). Zur Wahl stehen Draisinen für einen oder zwei Radfahrer; beide bieten zudem noch Platz für Passagiere.

Die Draisinenfahrt ist ein naturnaher und ungewöhnlicher Spaß für Groß und Klein.

Vom Campingplatz geht es am Ufer des Namsen entlang, anfangs noch in der Nähe der Straße, doch nachdem man eine Bogenbrücke überquert hat, wird es ruhiger. Wer einen Picknickkorb mitgenommen hat, findet am Ufer des Namsen genügend schöne Stellen. In Skage kann man sich die weiße Holzkirche im neugotischen Stil anschauen, in der fast die Hälfte der rund 700 Einwohner des kleinen Ortes Platz finden.

Wer möchte, kann vom Campingplatz auch noch das kurze Stück in die entgegengesetzte Richtung bis nach Namsos fahren und dort einen Stadtbummel unternehmen.

Der **Campingplatz Namsos Pluscamp** (Flyplassvegen 10, 7800 Namsos, Tel. 74 27 53 44, https://namsos-camping.no) liegt wenige Kilometer östl. außerhalb von Namsos, direkt am Fluss Namsen. Hier kann man in unterschiedlichen Hütten sowie mit Wohnmobil und Zelt übernachten. Bis zum Sandstrand am Flussufer sind es nur wenige Schritte.

Helgelandsküste

*

AUF DEM KYSTRIKSVEIEN

*

Die Helgelandsküste bietet ein Kaleidoskop fast aller norwegischen Landschaften. Die Fahrt zwischen Fjord und Fjell führt an saftig grünen Wiesen vorbei, nur wenige Kilometer weiter ragen kahle, von Eiszeitgletschern geformte Bergriesen auf. Mal beherrscht das Meer mit den vorgelagerten Inseln die Szenerie, dann geht es wieder ein Stück durchs Landesinnere.

Alstahaugs Petter-Dass-Museum:
der Pfarrhof des dichtenden Pastors

Zum Vega-Archipel gehören neben der Hauptinsel Vega unzählige Inselchen und Holme: Ein Bootsausflug führt zu der etwa eine Stunde entfernten Dauneninsel Lånan (oben), wo Besuchern die bis heute in althergebrachter Weise praktizierte Daunenherstellung gezeigt wird (Mitte links und unten).

Der Vega-Ort Nes ist Ausgangspunkt der Bootsausflüge zu umliegenden Inselchen. Zudem ist hier das Eiderentenmuseum zu finden, beste Informationsquelle zum Thema Daunenherstellung (Mitte rechts)

Zu Beginn der Hurtigruten-Minikreuzfahrt von Brønnøysund nach Rørvik und zurück
geht es unter der Auslegerbrücke zwischen Brønnøysund und Torgets durch.

Die Norweger sind Weltmeister im Bau von Tunneln und Brücken und haben damit schon so manche Route begradigt. Auch an der Straße entlang der Küste Helgelands wird permanent gebaut – doch hier stoßen selbst die Norweger an ihre Grenzen. Trotz imposanter Brücken wie über den Saltstraumen oder den Kjellingstraumen und mehr als zwei Dutzend Tunneln, von denen der mit 7615 Metern längste unter dem Gletscher Svartisen verläuft, bleiben noch unzählige Kurven auf dem mehr als 650 Kilometer langen Kystriksveien von Steinkjer nach Bodø. Zudem muss man noch sechs Mal auf eine Fähre steigen. Dies kostet natürlich Zeit, entschleunigt andererseits aber ungemein. Vor allem die rund einstündige Passage über den Værangfjord zwischen Kilboghamn und Jektvik ist wie eine Minikreuzfahrt entlang einer Küste, die spektakulärer nicht sein könnte.

Imposante Berge steigen unvermittelt aus dem Meer auf, die wenigen Häuser am Ufer sind nur mit dem Boot zu erreichen – hier Straßen zu bauen, wäre viel zu aufwendig. Während dieser Fährpassage wird der Polarkreis überquert, der Kapitän verkündet es durch den Lautsprecher und weist auf den Globus auf einem Felsen hin, der Ähnlichkeit mit dem am Nordkap hat.

LEGENDEN VON RIESEN UND TROLLEN

Ungewöhnlich geformte Berge haben schon immer die Fantasie der Menschen beflügelt. Entlang der Helgelandsküste, bis hinauf zu den Lofoten, gibt es viele dieser auffälligen Berge. Sie bieten seit jeher Stoff für Sagen und Mythen, in denen vor allem Riesen und Trolle vorkommen. Hauptrollen spielen der durchlöcherte Berg Torghatten und das Massiv der Sieben Schwestern. Um diese Geschichten zu verstehen, muss man noch wissen, dass norwegische Trolle ziemlich einfältig sind und zu Stein erstarren,

»WENN DIE VEREINIGTEN STAATEN GOTTES EIGENES LAND SIND, DANN WURDE NORWEGEN MINDESTENS VOM HEILIGEN GEIST GESCHAFFEN.«

Der Dichter und Politiker Bjørstjerne Bjørnson (1832–1910)

wenn sie nicht rechtzeitig vor Sonnenaufgang nach Hause kommen.

Die Entstehung der Sieben Schwestern in der Nähe von Sandnessjøen und des Berges Torghatten bei Brønnøysund

könnte sich folgendermaßen zugetragen haben: Auf den Lofoten lebte einst König Vågakallen mit seinem heißblütigen Sohn Hestmannen. Jenseits des Fjords im Gebirge regierte König Sulitjelmakongen, der sieben wilde Töchter hatte. Da er sie nicht in den Griff bekam, schickte er sie zu der in der Nähe lebenden Lekamøya. Als Hestmannen die nackten Mädchen beim nächtlichen Bad erblickte, sprang er auf sein Pferd und überquerte den Vestfjord, um zu ihnen zu gelangen. Doch die wachsame Lekamøya erkannte die Gefahr und machte sich mit den ihr Anvertrauten aus dem Staub. Bei Alstahaug gaben die sieben Schwestern die Flucht erschöpft auf, stellten sich in einer Reihe auf und warteten auf Hestmannen. Doch der hatte nur Augen für Lekamøya, die weiter vor ihm davonlief. Als ihm klar wurde, dass er sie nicht mehr einholen würde, schoss er mit einem Pfeil nach Lekamøya. Doch in den nahen Bergen von Brønnøy saß ein Riese. Der hatte alles beobachtet und warf seinen Hut dazwischen. Der Hut fiel durchbohrt hinab und wurde zum Torghatten. Fatalerweise ging in diesem Moment die Sonne auf, und alle Beteiligten erstarrten zu Stein. Aus Hestmannen wurde der gleichnamige Berg auf der Insel Hestmannøy, aus den beiden Königen der 942 Meter hohe

Mächtig drängt die gewaltige Inlandszunge des Svartisen-Gletschers hinab ins Svartisendal.

Nach der Bootsfahrt über den Holandsfjord kann man zur Gletscherzunge Engabre mittlerweile auch radeln.

Aber auch zu Fuß ist der Engabre zu erreichen. Wegen des Klimawandels hat er sich in den letzten Jahren weit zurückgezogen.

Blick von den Sieben Schwestern auf die Helgelandsküste

Vega-Archipel

Special

Von Menschen und Enten

Nichts wärmt so gut wie eine Decke aus Eiderdaunen und ist dabei auch noch federleicht. Die schlechte Nachricht: Eiderdaunen sind der pure Luxus, den sich früher nur Könige leisten konnten.

Der Vega-Archipel besteht aus mehr als 6000 oft winzigen Inseln, von denen nur wenige bewohnt sind. Hier haben Menschen und Eiderenten schon vor 1500 Jahren einen Pakt geschlossen: Die Menschen sorgen für geeignete Nistplätze und Schutz vor Räubern und bekommen dafür zur Belohnung feine Daunen. Klingt einfach, macht aber viel Arbeit, denn Eiderenten sind wählerisch, wenn es um den Platz für das Nest geht. Deshalb müssen die Menschen genügend Kisten, Kästen, Nischen und Unterstände anbieten und dann hoffen, dass möglichst viele Vögel einziehen. Denn je mehr Vögel man auf dem Hof hat, desto besser ist der Verdienst. Während der 28-tägigen Brutzeit darf

Touristen versuchen sich an der Daunenharfe.

das Weibchen nicht gestört werden, deshalb dürfen Haustiere und Kinder nicht in die Nähe der Nester. Nach Mittsommer verlässt die Entenmutter mit ihren Küken die Kinderstube und zieht aufs Meer. Dann können die Daunen eingesammelt, mit einer sogenannten Daunenharfe gereinigt und vermarktet werden. Seit 2005 zählt die Kulturlandschaft des Vega-Archipels zum UNESCO-Weltkulturerbe.

Vågakallen auf den Lofoten und der 1913 Meter hohe Sulitjelmakongen an der schwedischen Grenze, und Lekamøya wurde zur Insel Leka südlich von Brønnøysund.

Geologen glauben hingegen felsenfest, dass Eiszeitgletscher all diese merkwürdigen Landschaften geschaffen haben.

EIN DICHTENDER PRIESTER

Alstahaug unweit des südlichsten Gipfels der Sieben Schwestern ist einer der wichtigsten historischen Orte an der Helgelandsküste und eng mit dem Namen von Petter Dass verbunden. Sein Gedicht »Trompete des Nordlandes« gibt einen Einblick in das harte Leben der Bauern und Fischer im 17. Jahrhundert und gilt als Hauptwerk der norwegischen Barockliteratur. Heute würden wir Petter Dass ein Multitalent nennen, denn er war nicht nur Dichter, sondern auch Pastor und erfolgreicher Geschäftsmann, der viel Geld im Fischhandel verdiente. Ältestes Gebäude in Alstahaug ist die Steinkirche mit Zwiebelturm, die auf das 12. Jahrhundert zurückgeht. Neben ihr liegen einige Gebäude des alten Pfarrhofs aus der Mitte des 18. Jahrhunderts. Vom Pfarrhof sind es nur wenige Schritte zum modernen Petter-Dass-Museum, das vom international renommierten Architekturbüro Snøhetta entworfen wurde.

Fast vollständig in den Fels gebaut, sieht man nur eine Glasfront mit Vordach. Durch die gläserne Wand bietet sich ein grandioser Blick auf die Bucht.

DRAMATISCHE GLETSCHERSCHMELZE

Das Informationszentrum »Tor zum Svartisen« liegt direkt am Kystriksveien. Von hier geht der Blick über den Holandsfjord auf den Svartisen – gut sind die beiden Gletscherzungen Fonndalsbre und Engabre zu sehen. Es ist noch gar nicht lange her, dass der Engabre direkt ins Meer kalbte, doch heute muss man vom Fjordufer drei Kilometer bis zur Eiskante bergauf wandern. Die Gletscherzunge ist nicht nur erheblich kürzer geworden, sie hat auch stark an Masse verloren. Man sieht es deutlich an den kahlen Berghängen zu beiden Seiten, die noch vor nicht allzu langer Zeit von Eis bedeckt waren.

BIS FAST ANS MEER FLIESSEND, VERSPERRT DER SVARTISEN DEN WEG NACH NORDEN.

Gletscher reagieren sehr empfindlich auf Temperaturschwankungen. Vor 6000 bis 8000 Jahren lag die durchschnittliche Temperatur lediglich etwa zwei Grad höher als heute, und damals waren alle norwegischen Gletscher abgeschmolzen. Klimaprognosen sagen für die nächsten 100 Jahre eben diesen gering erscheinenden – höchstwahrscheinlich von Menschen verursachten und wohl nicht mehr umkehrbaren – Anstieg voraus. Die Schlussfolgerung daraus: So gut wie alle norwegischen Gletscher werden verschwinden. Dies wiederum hätte Wassermangel im Sommer und daraus folgend Energieknappheit zur Folge, da zur Stromerzeugung primär Wasserkraft genutzt wird. Auch auf Landwirtschaft, Fischerei und Tourismus hätte dieses Szenario natürlich große Auswirkungen.

Bodøs Fischerei- und Jachthafen (oben). In den Gezeitenstrudeln des Saltstraumen lässt sich gut angeln (Mitte). Im Norwegischen Luftfahrtmuseum von Bodø (unten).

Weitblick in Alstahaug: moderne
Architektur des Petter-Dass-Muse-
ums (oben). In der benachbarten
Kirche hatte der Dichterpfarrer
einst gepredigt (unten).

Krimis aus dem Norden

DIE GROSSEN VIER

Den nordischen Krimi-Hype hat der Schwede Henning Mankell mit seinem »Kommissar Wallander« als Protagonisten ausgelöst. Seitdem bestimmen Autoren aus dem Norden die ersten Plätze der Bestsellerlisten. Mit Blick auf die Auflage sind die Schweden Henning Mankell, Håkan Nesser und Arne Dahl sowie der Däne Jussi Adler-Olsen obenauf, der meistgelesene norwegische Autor ist Jo Nesbø. Es gibt aber auch Frauen, die sich mit Erfolg dem nordischen Krimi widmen. In Norwegen sind dies vor allem Kim Småge, Anne Holt, Karin Fossum und Unni Lindell.

Die vier großen Damen der dunklen Seite Norwegens: Kim Småge (oben links), Anne Holt (oben rechts), Karin Fossum (unten links) und Unni Lindell (unten rechts)

Kim Småge (geb. 1945) hat an der Fischereitechnischen Hochschule ihrer Heimatstadt Trondheim studiert, arbeitete danach als Lehrerin, Journalistin und Ausbilderin für Sporttauchen und Unterwasserjagd. Ihr Romandebüt »Nachttauchen« spielt in diesem Milieu und wurde mit dem meist an Krimi-Autoren verliehenen norwegischen Riverton-Preis ausgezeichnet. Hauptperson ihrer Kriminalromane ist die Trondheimer Kommissarin Annekin Halvorsen. In der Reihe sind bisher sechs Bücher erschienen, davon fünf auf Deutsch (»Tapetenwechsel«, »Ein kerngesunder Tod«, »Die Containerfrau«, »Mittsommer« und »Zweitgesicht«).

Anne Holt (geb. 1958) studierte Rechtswissenschaften, arbeitete einige Jahre als Polizeijuristin und Rechtsanwältin und wurde 1996 norwegische Justizministerin. Anfang der 1990er-Jahre begann sie Kriminalromane zu schreiben, die ersten beiden noch zusammen mit ihrer Staatssekretärin Berit Reiss-Andersen. Bekannt wurde sie durch ihre mittlerweile zehn Bände umfassende Reihe, in der die bei einem Einsatz angeschossene und seitdem im Rollstuhl sitzende Kommissarin Hanne Wilhelmsen ermittelt. Im letzen Buch der Wilhemsen-Reihe »Ein kalter Fall« geht es um Fremdenfeindlichkeit und Fanatismus. Anne Holt gelingt es, die verschiedenen Handlungsstränge dieses komplexen, hochaktuellen Themas zu einem stimmigen Bild zusammenzuführen. In ihrer zweiten Krimireihe, die nunmehr fünf Bücher umfasst, ermittelt Hauptkommissar Yngvar Stubø zusammen mit der Psychologin und Profilerin Inger Johanne Vik.

Karin Fossum (geb. 1954) begann Ende der 1970er-Jahre mit Gedichten und Erzählungen, machte dann 14 Jahre lang Pause, bevor sie ihre Thriller um den wortkargen, aber charismatischen Kommissar Konrad Sejer startete. Schon mit dem ersten Band, »Evas Auge«, wurde sie in Norwegen zur Bestsellerautorin. Der zweite Band der Reihe, »Fremde Blicke«, brachte ihr den Riverton-Preis ein. Insgesamt hat sie mittlerweile 13 Bände um Kommissar Sejer veröffentlicht, die alle

Mörderische Stimmung bei Bodø

auch ins Deutsche übersetzt wurden. Trotz ihres großen Erfolgs sieht sich Karin Fossum nicht nur als Krimiautorin, sondern ganz allgemein als Schriftstellerin. Diesen Anspruch untermauerte sie mit zwei Kurzgeschichtenbänden (»I et annet lys« und »Soylen«).

Unni Lindell (geb. 1957) studierte Romanistik und reiste danach für einige Zeit durch Europa. Nach einer Journalistenausbildung schrieb sie als freie Autorin für verschiedene Zeitungen und Zeitschriften, verfasste Gedichte und veröffentlichte dann den Jugendroman »Den grønne dagen«.

Einem weiteren Publikum, auch außerhalb Norwegens, wurde sie durch die Krimireihe um Kommissar Cato Isaksen bekannt. 1999 gewann sie für »Pass auf, wenn du träumst«, ebenfalls mit Kommissar Isaksen, den Riverton-Preis für den besten norwegischen Kriminalroman. Mittlerweile umfasst die Reihe neun Titel, sieben wurden ins Deutsche übersetzt. 2016 startete Unni Lindell eine neue Krimiserie um Ermittlerin Marian Dahle. International erfolgreich ist die Autorin auch mit ihrer Kinderbuchreihe »Bella Buuuh«, in der ein kleines Gespenst die Hauptrolle spielt.

Weitere Informationen

Einige neuere Bücher der Autorinnen:
Kim Småge, **Ein kerngesunder Tod** (Fischer Taschenbuch, 2015)
Anne Holt, **Ein kalter Fall** (Piper, 2018)
Karin Fossum, **Höllenrose** (Piper Taschenbuch, 2017)
Unni Lindell, **Im Wald wirst du schweigen** (Aufbau Taschenbuch, 2019)

DAS MEER IMMER IM BLICK

Schroffe Berge, die dem Meer entsteigen, blank polierte Schären, die Gipfel der Sieben Schwestern, der durchlöcherte Berg Torghatten, der Saltstraumen, kleine Fischerdörfer mit bunten Holzhäusern und Museen zur Küstenkultur warten als Belohnung auf diejenigen, die statt der geradlinigen Europastraße 6 den kurvigen Kystriksveien FV 17 samt seiner Fähren nehmen.

❶ Brønnøysund

Die Küstenstadt (5000 Einw.) lebt von Fischerei und Dienstleistungen und liegt auf einer Halbinsel am gleichnamigen Sund. Stolz bezeichnet man sich als geografische Mitte Norwegens; auf der Strandpromenade gibt es einen Wegweiser, der dies anhand von Kilometerangaben belegt.

SEHENSWERT

Südlich des Zentrums überspannt eine 550 m lange **Auslegerbrücke** den engen Sund. Von ihrer Mitte bieten sich die besten Blicke auf Küste und Inseln, vor allem, wenn die Hurtigrutenschiffe unter der Brücke hindurchfahren. **Steinar Breiflabb,** Adolf Seeteufel, hat der schwedisch-französische Künstler Erik Dietmann seinen Beitrag von 1997 zur Skulpturenlandschaft Nordland genannt; die 70 m lange Skulptur aus aufgeschichteten Steinen im Sund stellt einen Wal dar, auf dessen Rücken ein Boot thront.

Tipp

Minikreuzfahrt mit Hurtigruten

Jeden Tag um 17.25 Uhr legt das südgehende Hurtigrutenschiff vom Kai in Brønnøysund ab. Im nächsten Hafen Rørvik kommt es um 21.00 Uhr an. Dort kann man einen Blick auf das Küstenmuseum Norveg werfen und dann auf das nordgehende Schiff wechseln, das um 21.30 Uhr Richtung Nærøysund ablegt und Brønnøysund um 1.35 Uhr erreicht. Auf der südgehenden Passage besteht eine sehr gute Chance, dass der Kapitän das Schiff so dicht an den Torghatten manövriert, dass die Passagiere durch das Loch im Berg schauen können.

INFORMATION

Informationen und Buchungen unter Tel. 040 87 40 56 08 bzw. www.hurtigruten.de

ERLEBEN

Hildurs Urterarium liegt nördl. von Brønnøysund am Kystriksveien. Kräutergarten, Rosengarten, Hofladen, Sommercafé und die Wikingerstube (Sagahuset) sind beliebte Ausflugsziele (Tilrem, www.hildurs.no; Café und Hofladen im Sommer tgl. 12.00–16.00 Uhr).

RESTAURANT

Im €€€ **Torghatten Strandrestaurant** kann man sich mit Blick auf den durchlöcherten Berg kulinarisch verwöhnen lassen (Tel. 75 02 54 95, https://torghatten.net, im Sommer tgl. geöffnet).

UMGEBUNG

Etwas südl. erhebt sich der 260 m hohe **Torghatten.** Eine Umrundung dauert etwa 2 Std., eine halbe braucht man hinauf zum Loch.

INFORMATION

Brønnøysund Turistinformasjon, Sømnaveien 92, 8900 Brønnøysund, Tel. 75 01 80 00, http://visithelgeland.com

❷ Vega

Die Vegaøyene (Vega-Archipel) bestehen aus rund 6500 Inseln, Holmen und Schären. Seit mehr als 10 000 Jahren leben die Menschen auf den weit verstreut liegenden, teils winzigen Inseln von Fischfang, Landwirtschaft und dem Sammeln von Eiderentendaunen. Die uralte Kulturlandschaft (s. Special S. 47) wurde in die Liste des UNESCO-Welterbes aufgenommen. Im Sommer gibt es regelmäßige Bootsverbindungen von Horn, Sandnessjøen und Brønnøysund nach Igerøy.

SEHENSWERT

In dem kleinen Hauptinselort Nes auf dem Weg nach Kirkøy gibt es ein **Eiderentenmuseum TOPZIEL,** das über die besten Daunen der Welt informiert (Juni–Mitte Sept. tgl. 12.00–16.00 Uhr). Im Sommer werden Fahrten zur **Insel Lånan,** dem bedeutendsten Nistplatz der Eiderenten, angeboten (Infos unter https://lanan.no).

INFORMATION

Vega Turistinformasjon, Ærfuglveien 1, 8984 Vega, Tel. 47 90 71 32, www.visitvega.no

Die »Trollfjord« auf dem Weg nach Norden (oben); das Loch im Torghatten (rechts oben); Lånans Anlegestelle (rechts unten)

Tipp

Auf der Himmelsleiter

Ein kurzer Abstecher zwischen Fykantunnel und Svartistunnel in Richtung Glomfjell führt zum Beginn der Fykantreppe. Auf dieser kann man über 1132 teils steile Stufen und eine Hängebrücke 300 m aufsteigen. Angelegt wurde die Treppe vor 100 Jahren von Bauarbeitern des Kraftwerks im Glomfjord. Mit guten Schuhen, einem gewissen Maß an Schwindelfreiheit und durchschnittlicher Kondition dauert der Aufstieg eine Stunde. Bei Regen kann die Treppe sehr rutschig werden.

INFORMATION
Fykantrappa, Glomfjord, Infos über den Zustand und die Begehbarkeit der Treppe unter https://lanan.no.

❸ Sandnessjøen

Die kleine Küstenstadt (6000 Einw.) ist das wichtigste Versorgungs- und Handelszentrum der Region. Durch die mehr als 1 km lange Helgelandsbru hat die Stadt eine feste Verbindung zum Festland. Sandnessjøen ist dank der Erdgasvorkommen zudem eine der wichtigsten Ölstädte Nordnorwegens.

UMGEBUNG
An der Südspitze der Insel Alsten liegt **Alstahaug,** in dessen Kirche der Pastor Petter Dass (1647–1708) gepredigt hat. An ihn erinnert das gleichnamige Museum in einem spektakulären Gebäude (Alstahaugveien 17, www.petterdass -museet.no; Mitte Juni–Mitte Aug. Mi.–So. 10.00 bis 15.30, sonst Di.–Fr. 10.00–15.30, Sa. und So. 11.00–15.30 Uhr).
Der westliche Teil der Insel Alsten ist überwiegend flach und wird landwirtschaftlich genutzt, weiter im Osten erheben sich die Gipfel der **Syv Søstre TOPZIEL** (Sieben Schwestern). Besonders fotogen ist das Bergmassiv von Bord der südgehenden Hurtigrutenschiffe aus;

vor allem im Frühjahr und Herbst liegen die Berge wegen der tief stehenden Sonne im besten Fotolicht. Auf alle rund 1000 m hohen Schwestern-Gipfel führen markierte Wanderwege, die an der FV 17 beginnen. Ausgangspunkte sind das Kraftwerk Elvåsen, Markvoll und Søvik.

INFORMATION
Sandnessjøen Turistkontor, Torolv Kveldulvsonsgate 35, 8800 Sandnessjøen, Tel. 75 01 80 00, http://visithelgeland.com

❹ Svartisen

Der Svartisen **TOPZIEL** ist mit rund 370 km² der zweitgrößte Gletscher Norwegens – größer ist nur noch der Jostedalsbre – und gehört zum Saltfjellet-Svartisen-Nationalpark. Seine Eisfläche gliedert sich in zwei Hauptgletscher, die durch das grüne Glomdal getrennt werden. Von seinen Eisschilden fließen rund 60 Arme zu Tal. Die westl. Ausläufer des Svartisen erreicht man am besten von der Küstenstraße FV 17.

ERLEBEN
Westl. Ausgangspunkt für einen Besuch des Svartisen ist **Holandsvika** an der FV 17 zwischen Glomfjord und Halsa. Von hier fährt von Mai bis Anf. Sept. ein kleines Boot in 10 Min. über den Holandsfjord. Dann ist es noch knapp eine Std. zur Eiskante des Engabre; als Alternative zur Wanderung lässt sich ein Fahrrad mieten. Unterwegs gibt es die Möglichkeit, sich in der »Brestua« mit Gletscherblick zu stärken. In unmittelbarer Nähe liegt Svartisen Moose, ein Gehege mit zahmen Elchen.

UMGEBUNG
Bei **Storvika** (60 km nördl. des Svartistunnels) gibt es einen schönen Rastplatz mit Grillmöglichkeiten und Blick auf Meer und Berge. Eine Steingewölbebrücke verbindet den Rastplatz mit dem langen Sandstrand.

Kurz vor der östlichen Zufahrt zum dortigen Storvikskartunnel erreicht man nach wenigen Minuten Fußweg von der FV 17 **Den glömda staden;** der Beitrag des schwedischen Künstlers Jan Håfstrøm zur Skulpturenlandschaft Nordland besteht aus einer verlassenen Ruinenstadt – ein Ort der Stille mit wunderbarer Aussicht.

INFORMATION
Holand Turistinformasjon (Porten til Svartisen), an der FV 17, Tel. 75 75 48 08, www.svartisen.no

❺ Bodø

Nach fast vollkommener Zerstörung im Zweiten Weltkrieg durch die deutsche Luftwaffe erhielt die Stadt ihr funktionales Aussehen. Die vielen Neubauten der letzten Jahre haben ihr Stadtbild allerdings erheblich aufgewertet. Die Hauptstadt der Provinz Nordland (42 700 Einw.), einst durch Fischerei zu Bedeutung gekommen, bildet mit Fährverbindungen nach Værøy, Røst und Moskenes, als Anlaufhafen der Hurtigruten und Endstation der Nordlandbahn sowie mit seinem Flughafen einen bedeutenden Verkehrsknotenpunkt.

Bodøs Skulpturenlandschaft (oben). Einige der Sieben Schwestern oberhalb Sandnessjøen (rechts oben). Fahrt zum Engabre (rechts unten)

SEHENSWERT/MUSEEN

Die 1956 geweihte **Domkirche** ist eine moderne dreischiffige Basilika. Bemerkenswert sind der freistehende Glockenturm, das Rosettenfenster sowie ein großes Glasmosaik. Beliebt ist ein Spaziergang auf der Mole des **Fischerei- und Jachthafens**; die Reihe durchlöcherter Steine sind ein Beitrag zur Skulpturenlandschaft Nordland.

Das **Nordlandmuseet-Bymuseet** ist der Region Nordland von der Vorzeit bis zur Gegenwart gewidmet. Außerdem werden Ausstellungen zur Lofotfischerei und zur samischen Kultur gezeigt (Prinsensgate 116, Wiedereröffnung nach Renovierung 2024).

Die Freilichtabteilung **Jektefartsmuseet i Bodøsjøen** (3 km westl. vom Zentrum) bietet ein gutes Dutzend historischer Gebäude und informiert über den Küstenhandel (https://jektefart.no; Mitte Juni–Mitte Aug. tgl. 11.0–17.00, Do. bis 20.00 Uhr).

Bodø ist ein wichtiger Luftwaffenstützpunkt. Im **Norsk Luftfartmuseum** wird die Geschichte der norwegischen Luftfahrt beleuchtet, ausgestellt sind mehr als 30 historische Flugzeuge (Olaf V gate, http://luftfartsmuseum.no; Juni bis Aug. tgl. 10.00–18.00, sonst Mo.–Fr. 10.00 bis 16.00, Sa. und So. 11.00–17.00 Uhr).

ERLEBEN

Vom Hausberg **Rønvikfjell** (150 m) bietet sich ein schöner Blick bis zur Lofotenwand. Über der Stadt kreisen oft Seeadler, die man vom Gipfel gut beobachten kann.

VERANSTALTUNGEN

Während der **Nordland Musikkfestuke** in der ersten Aug.-Hälfte wird Bodø zur Musikhauptstadt Nordnorwegens (https://musikkfestuka.no). Beim **Parkenfestival** Mitte Aug. ist Rockmusik Trumpf (http://parkenfestivalen.no).

EINKAUFEN

Die **Storgata** beherbergt rund 45 Geschäfte und mehrere Restaurants. 9 km vor Bodø an der RV 80 sind im **Bertnes Geosenter** Steine, Halbedelsteine und Mineralien – unbearbeitet und als Schmuck – zu betrachten und zu kaufen (Fenesveien 4, www.bertnesgeosenter.no; Mo. bis Fr. 9.00–17.00 Uhr, Sa. und So. kürzer).

RESTAURANT

Bei schönem Wetter sitzt man im €€€/€€ **Bryggerikaia** auf der Außenterrasse mit Blick auf den Hafen und genießt das Mittagsbuffet (Bodø, Sjøgata 1, Tel. 72 52 58 08, www.bryggerikaia.no; Mo.–Sa. ab 11.00, So. ab 12.00 Uhr).

UMGEBUNG

Von der Saltstraumen-Brücke (30 km östl. von Bodø, Vej 1256) lassen sich die mächtigen Gezeitenstrudel des **Saltstraumen** gut beobachten. Beeindruckender wirkt das Schauspiel vom Ufer aus. Nur beim Höchst- bzw. Tiefstand des Wassers beruhigen sich die Strudel.

INFORMATION

Visit Bodø, Dronningens gate 15, 8006 Bodø, Tel. 75 54 80 00, https://visitbodo.com

DER BERG MIT DEM LOCH

Ein 35 Meter hohes und bis zu 20 Meter breites Loch, das gut 100 Meter über dem Meeresspiegel liegt, macht den Torghatten einzigartig. Kein Wunder, dass sich um diesen Berg viele Mythen und Legenden ranken und selbst die Hurtigrutenschiffe einen Schlenker machen, um den Passagieren einen Blick durch das Loch im Berg zu ermöglichen.

Mit dem Rad ist die Fahrt zum rund 15 Kilometer südlich von Brønnøysund gelegenen Torghatten und wieder zurück eine schöne Tagestour. Vom Zentrum fährt man anfangs in südlicher Richtung, überquert die imposante Auslegerbrücke und kann danach noch einen kurzen Abstecher zur Skulptur Steinar Breiflabb machen. Dann geht es bis zum Parkplatz fast am südlichen Ende der Insel Torget (FV 54). An den Hinweistafeln beginnt die Umrundung des sagenumwobenen Berges auf asphaltierten und geschotterten Wegen. Ganz im Süden kann man durch das Loch im Torghatten schauen.

Die Tour zum Torghatten führt im Sommer durch eine saftig grüne Landschaft.

Die Runde um den Berg ist ungefähr sechs Kilometer lang und dauert ohne Pausen eine knappe halbe Stunde. Wieder zurück am Parkplatz, kann man noch auf einem ausgetretenen Weg in rund einer halben Stunde zum Loch hinaufsteigen, hindurchlaufen und einen tollen Blick auf die Schärenlandschaft genießen. Entstanden ist das Loch nach Meinung der Wissenschaftler höchstwahrscheinlich nach der letzten Eiszeit durch die Brandungserosion. Denn erst die nacheiszeitliche Landhebung brachte es auf die heutige Höhe. Nach dem Abstieg fährt man mit dem Rad auf der FV 54 wieder zurück nach Brønnøysund.

Am Ende der FV 54 liegt der **Campingplatz Torghatten** an einer kleinen Bucht mit Sandstrand. Neben Plätzen für Zelte und Wohnmobile werden auch Hütten und Appartements vermietet (Torghatten, 8909 Brønnøysund, Tel. 75 02 54 95, http://pkha31.wixsite.com/torghatten-camping). Vom Strandrestaurant hat man einen schönen Blick.

NORDLAND

*

ÜBER DEN POLARKREIS

*

Wo Norwegen seine Wespentaille zeigt, erstreckt sich die Provinz Nordland über viele Hundert Kilometer Richtung Norden. Schon bald nördlich von Trondheim werden die Spuren menschlicher Besiedlung spärlicher. Doch dafür zeigt sich die Natur immer gewaltiger. Oft unvermittelt geht die zerklüftete Küste ins Hochgebirge über – häufig mit weitem Blick aufs Meer.

Großartige Bergpanoramen begleiten Nordlandreisende – auch entlang dem Silvervägen bis zum Junkerdal.

Von der kleinen Stromschnelle bis zum mächtigen Wasserfall – Norwegen hat sie alle zu bieten: Laksfossen südlich von Mosjøen.

> **» ES BEGANN NICHT MEHR NACHT ZU WERDEN, DIE SONNE TAUCHTE KAUM DIE SCHEIBE INS MEER HINAB. [...] WIE MERKWÜRDIG ES MIR IN DEN NÄCHTEN ERGEHEN KONNTE, KEIN MENSCH WÜRDE ES GLAUBEN. «**

Knut Hamsun über die Mitternachtssonne

An der Grenze zwischen den Provinzen Nord-Trøndelag und Nordland überspannt ein Torbogen die Europastraße 6. Porten til Nord-Norge, auch Nordlandsporten genannt, stellt ein stilisiertes Polarlicht dar. Rund 300 Kilometer nördlich von Trondheim beginnt hier Nordnorwegen – bis zum Polarkreis sind es aber immer noch weitere 280 Kilometer. Die längste Provinz des Landes misst in Nordsüdrichtung rund 500 Kilometer, an der schmalsten Stelle südlich von Narvik sind es nur gut sechs Kilometer in der Breite. Auf einer Fläche, die in etwa der Baden-Württembergs entspricht, leben allerdings nur rund 240 000 Menschen. Dass die Natur in Nordland die erste Geige spielt, lässt sich auch daran erkennen, dass von den 40 Nationalparks auf dem norwegischen Festland allein acht in dieser Provinz liegen.

AUF DEM SALTFJELL

Die E 6 durch das Namsdal führt anfangs noch durch ausgedehnte Wälder und entlang vieler Seen, doch mit jedem Kilometer weiter Richtung Norden ragen zu beiden Seiten immer öfter baumlose Berge auf. Über die Orte Mosjøen und Mo i Rana nähert man sich dem Polarkreis. Nördlich von Mo i Rana führt die Straße aus dem Dunderlansdal in den größten nordnorwegischen Nationalpark und auf das Saltfjell. Der Pass liegt zwar nur auf etwa 700 Meter, bietet jedoch grandiose Ausblicke auf eine arktisch-karge Gebirgslandschaft. Spätestens hier wird es Zeit, die Wanderschuhe zu schnüren. Schon im Sommer beeindruckt die Fahrt über das Saltfjell, im Winter jedoch kann sie zu einem kleinen Abenteuer werden, wenn nur Kolonnekjøring hinter einer Schneefräse möglich ist. Die meterhohen Schneewände zu beiden Seiten der Straße halten sich oft noch bis in den Juni.

IM LAND DER MITTERNACHTSSONNE

Auf dem Saltfjell ist es dann endlich so weit: Der Polarkreis auf 66° 33' 55" wird überquert! Entlang dieser imaginären Linie geht die Sonne am Tag der Sommersonnenwende nicht mehr unter. Je weiter man nach Norden kommt, desto länger wird die Periode der hellen Nächte, am Nordkap scheint die Mitternachtssonne von Mitte Mai bis Ende Juli.

Schon seit jeher haben die hellen Nächte nicht nur Reisende, sondern auch Künstler beeindruckt. Etwa Knut Hamsun, der in seinem Roman »Pan« schreibt: »Es begann nicht mehr Nacht zu werden, die Sonne tauchte kaum die Scheibe ins Meer hinab und kam dann wieder empor, rot, erneuert, als sei sie unten gewesen

Die alten Holzhäuser Mosjøens
verlocken zum Cafébesuch –
vor allem, wenn sich die Sonne
so einladend zeigt.

Der Europastraße 6 von Mo i Rana nach Norden
folgend, betritt man am Polarkreiszentrum auf
dem Saltfjell das Land der Mitternachtssonne.

Mosjøens Wasserfront: Hier reihen sich noch alte Holzhäuser zu einem »lebenden Museum«.

Mit einem Huskygespann unterwegs zu sein, ist zwar eine Herausforderung, bietet aber auch einmalige Naturerlebnisse. Im Hinterland von Narvik nehmen Sie Regina Elpers und Bjørn Klauer mit auf eine unvergessliche Hundeschlittenfahrt (s. S. 65).

Nahezu jeder kann an solch einer Schlittentour teilnehmen. Vorkenntnisse sind nicht nötig. Was man wissen muss, kann schnell erlernt werden.

und habe getrunken. Wie merkwürdig es mir in den Nächten ergehen konnte, kein Mensch würde es glauben.«

AUF HAMSUNS SPUREN

Seit der Fertigstellung der festen Brücken hinüber auf die Lofoten hat der Fährhafen Skutvik an Bedeutung und Hamarøy Besucher verloren. Das ist schade, denn Hamarøy zählt zu den schönsten Inseln Nordlands, deren wilde Natur sehr an die Lofoten erinnert. Sofort ins Auge fällt der wie ein grüner, kariöser Zahn in den Himmel ragende Berg Hamarøyskaftet. Nicht minder beeindruckt ein Abstecher an die Nordküste der Insel zum fotogenen Leuchtturm von Tranøy.

Hamarøy bietet für Hamsun-Freunde einiges, liegt doch im Weiler Hamsund der kleine Hof der Eltern des Dichters. Auf ihm verlebte Knut Hamsun einen Teil seiner Kindheit, viele Eindrücke aus dieser Zeit fanden Eingang in seine Romanwelten. Ein ruheloses Wanderleben führten ihn durch ganz Norwegen, Europa und sogar für einige Jahre nach Amerika. Doch zog es Hamsun immer wieder zurück in seine abgelegene Heimat. So lebte er von 1911 bis 1917 auf dem Hof Skogheim in Oppeid, nur Kilometer vom elterlichen Hof entfernt – beide Gebäude sind heute Museen.

Geboren wurde der Nobelpreisträger als Knud Pedersen, nach dem Hof seiner Eltern auf Hamarøy nannte er sich später Knut Pedersen Hamsund, verkürzte den Namen dann auf Knut Hamsund, bis ihn ein nie korrigierter Druckfehler in einer Zeitschrift zu Knut Hamsun machte.

In Presteid, wo Hamsun einige Jugendjahre lang bei seinem Onkel als Haushilfe gelebt hatte, wurde 2009 anlässlich seines 150. Geburtstags von Kronprinzessin Mette-Marit ein Literaturhaus und Dokumentationszentrum eröffnet. Der Turmbau des amerikanischen Architekten Steven Holl wirkt wegen der mit Holzteer geschwärzten Fassade düster, die Ähnlichkeit mit den norwegischen Stabkirchen ist durchaus beabsichtigt. Die Ausstellung »Der geachtete und

Unterwegs in einem Nordlandboot: Im Kielwasser liegt der frühere Handelsposten Kjerringøy.

geächtete Hamsun« befasst sich mit dem zwiespältigen Verhältnis, das bis heute viele Norweger zu dem Literaturnobelpreisträger haben. Einerseits bewundern sie ihn als Initiator der literarischen Moderne, der Thomas Mann, Samuel Beckett oder Franz Kafka beeinflusste, andererseits haben sie ihm nie verziehen, dass er sich so kompromisslos zum deutschen Nationalsozialismus bekannt hatte.

AUS KJERRINGØY WIRD SIRILUND

In der zweiten Hälfte des 19. Jahrhunderts beherrschte Erasmus Zahl den Handelsplatz Kjerringøy nördlich von Bodø. Der neunzehnjährige Knut Hamsun hatte gerade den »Bjørger« geschrieben, als wirtschaftliche Not ihn zwang, Erasmus Zahl um finanzielle Hilfe zu bitten. Der las das Manuskript zwar nicht, gab ihm aber 1000 Kronen als Startkapital für seine Schriftstellerkarriere. Kjerringøy taucht in Hamsuns Werken als Sirilund auf, aus Erasmus Zahl wird der reiche Kaufmann Mack.

Den längst aufgegebenen Handelsplatz Kjerringøy übernahm die Provinz Nordland 1959, restaurierte und eröffnete ihn als Museum. Das Hauptgebäude, das Warenlager und der Kaufladen, in dem noch die Einrichtung aus Hamsuns Zeiten zu sehen ist, beherrschen die mehr als ein Dutzend Gebäude dort.

Skulpturenlandschaft

Nordland-Kunst

Skulpturenlandschaft Nordland nahe Evenskjer: »Syv magiske punkter« des Finnen Martti Aiha

Alle Skulpturen anzuschauen, geht nur im Rahmen einer eigenen Reise, denn sie liegen verstreut über eine Fläche von rund 40 000 km². Mittlerweile umfasst das Projekt 36 Kunstwerke von ebenso vielen internationalen Künstlern in 35 Kommunen der Provinz Nordland.

Angefangen hat es 1992 mit der Installation »En ny samtale« des finnischen Künstlers Kain Tapper auf der Insel Vega. Und auch alle weiteren Exponate befinden sich in Meeresnähe – es gibt durchlöcherte Steine, eine kolossale Granitfigur, die zur Hälfte im Wasser steht, oder einen Kopf, der beim Umrunden immer wieder neue Perspektiven bietet. Jeder Künstler durfte sich den Standort für sein Werk aussuchen, um die seiner Meinung nach beste Wirkung in der Landschaft zu erzielen. Viele platzierten sie inmitten der Einsamkeit, um Betrachtern Muße und Ruhe zu geben.

Kjerringøys kleine Werft baut noch Nordlandboote nach historischem Vorbild (oben links und rechts).

Beim Blaubeerpflücken kann es hier Begegnungen der tierischen Art geben.

Seit 1864 markiert der Leuchtturm von Tranøy die Nordspitze Hamarøys.

Aktiv im Norden

FRILUFTSLIV ALS LEBENSART

Friluftsliv nennen die Norweger Aktivitäten im Freien. Dazu zählen alle nur denkbaren Outdoorsportarten, doch Friluftsliv ist für sie viel mehr. Es ist eine Lebenseinstellung, eine Auseinandersetzung mit der Natur – von der Königskrabbensafari über Husky- und Kanutouren bis hin zu Wanderungen und Tauchausflügen.

1 Knivskjellodden

Das Nordkap übt eine geradezu magische Anziehungskraft aus, obwohl es nicht der nördlichste Punkt Norwegens und Europas ist. Selbst auf Magerøy geht es noch 1400 m weiter nördlich, bis zur Spitze der Landzunge Knivskjellodden. Dazu muss man sich allerdings ein wenig Zeit nehmen und an einem Parkplatz auf der Nordkapstraße die Wanderschuhe schnüren. Nach gut zwei Stunden erreicht man dann bei exakt 71° 11' 08" das sanft und unspektakulär ins Meer auslaufende Ende der Landzunge. Im Sommer wird man hier zwar nicht mehr allein den Blick hinüber zum Nordkap genießen können, doch vom Trubel dort fehlt jede Spur. Allerdings muss man – bis jetzt noch – auch auf Souvenirshop und Restaurant verzichten.

2 Durch den Saltstraumen

Der Saltstraumen ist der stärkste Gezeitenstrom der Welt, durch ein nur 150 m breites Nadelöhr werden viermal am Tag rund 370 Mio. m³ Wasser gepresst. Die Fließgeschwindigkeit und die mächtigen Strudel sind schon vom Ufer aus beeindruckend. Doch wenn man dann noch sieht, wie mühsam Fischerboote gegen den Strom kämpfen, bekommt man eine gute Vorstellung von den gewaltigen Wassermassen, die hier bewegt werden. Ausgerüstet mit Overall, Haube, Handschuhen und Brille steigt man in Bodø ins Schnellboot und fährt durch einen Fjordarm mit interessanten Felsformationen zum Saltstraumen. Die Boote mit ihren starken Außenbordmotoren haben keine Probleme mit der Strömung und können so ganz dicht auch an die größten Strudel heranfahren. Vielleicht sieht man auf der Rückfahrt noch einen Seeadler; da die Tiere hier aber nicht angefüttert werden, gehört schon viel Glück dazu.

Visit Bodø, Dronningens gate 15, 8006 Bodø, Tel. 75 54 80 00, https://visit-bodo.com

3 Auf dem Reisaelv

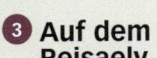

Auf seinem Weg zum Meer bildet der Reisaelv einen tiefen Canyon, gerahmt von steilen, bewaldeten Bergflanken. Von der Europastraße 6 gelangt man auf der RV 865 am Flussufer entlang bis zum Villmarkssenter bei Bilto. Ab hier geht es dann weiter mit Langboot oder Kanu. Beliebte Touren führen zum 269 m hohen Mollisfoss, der direkt in den Reisaelv stürzt, oder zum Immofoss, den man nach Bootsfahrt und anschließender Wanderung bestaunen kann. Alternativ lässt man sich vom Villmarkssenter mit dem Kanu flussabwärts bis zum Meer paddeln.

Saraelv Villmarkssenter, Postboks 93, 9151 Storslett, Tel. 93 03 83 84, https://saraelv.no

4 Königskrabbensafari

Die Königskrabbe wird in der Barentssee ausgiebig befischt, vielerorts können auch Touristen an einer Safari teilnehmen. In Kirkenes kann man dieses Erlebnis mit einem Ausflug zur russischen Grenze bei Boris Gleb kombinieren. Nachdem die Krabben aus den Fallen an Bord geholt wurden, geht es auf dem Pasvik-Fluss bis zur Grenze. Dort werden die Krustentiere fachgerecht zubereitet. Frischer kann man diese Delikatesse kaum serviert bekommen.

Barents-Safari, H. Hatle, Fjellveien 28, 9900 Kirkenes, Tel. 90 19 05 94 www.barentssafari.no

⑥ Zum Svartisen

Der Engabre, eine der Gletscherzungen des Svartisen, liegt nur 100 m über dem Meeresspiegel und ist deshalb einfach zu erreichen. Auf dem Kystriksveien kommt man am Holandsfjord vorbei und sieht die Gletscherzunge schon aus der Ferne. Ein kleines Boot setzt im Sommer mehrmals tgl. über den Fjord, von dort sind es noch ca. 5 km, meist auf einer flachen Straße, bis zum Eisrand. An der Bootsanlegestelle kann man sich auch Fahrräder mieten. Erst auf dem letzten Kilometer geht es auf einem Wanderweg bergauf. Dann steht man direkt vor dem blauen Eis der Gletscherzunge.

Boot über den Fjord:
www.tilsvartisen.no/en/ruteinformasjon

⑤ Huskytouren

Mit einem eigenen Huskygespann unterwegs zu sein, ist eine echte Herausforderung, bietet aber auch die seltene Chance auf wirklich einmalige Naturerlebnisse. Regina Elpers und Bjørn Klauer betreiben in der Gemeinde Bardu auf einem abgelegenen ehemaligen Bauernhof eine Huskyfarm und bieten Gästen während des langen Winters diverse Touren in die menschenleere Umgebung an. Übernachtet wird auf ihrer Farm oder unterwegs in samischen Lavvus, Berghütten oder Zelten. Zusätzlich zu den Touren mit eigenem Gespann gibt es auch das typisch norwegische »Snørekjøring«; auf Langlaufskiern unterwegs, zieht man sein Gepäck in einer Pulka hinter sich her und lässt sich dabei von einem Hund helfen. Vor allem bergauf lernt man den mitziehenden Hund sehr zu schätzen.

Bjørn Klauer Huskyfarm, Kontakt: info@huskyfarm.de, https://huskyfarm.de

⑦ Auf Tauchstation vor den Lofoten

Die Lofoten sind berühmt für ihre schroffen Berge, weißen Traumstrände und malerischen Fischerdörfer. Doch auch unter Wasser wartet Spektakuläres. Geschützt durch einen Neoprenanzug kann man die Fauna und Flora vor der Küste in aller Ruhe erkunden. Ganze Anemonenteppiche erstrecken sich bis in 20 m Wassertiefe. Auf dem frischen Kelp – also Seetangen, die zu den Braunalgen gehören – tummeln sich Unmengen von Nacktschnecken. Mit ein wenig Geduld sieht man auch Krabben, Dorsche und Seewölfe im kristallklaren Wasser. Die Tauchbasis befindet sich in dem kleinen Ort Ballstad, wo es auch einige nette Unterkünfte gibt. Von hier geht es – im Sommer täglich – in schnellen Booten zu den interessantesten Unterwasserspots. Erfahrene Taucher schätzen Frühling und Herbst, denn dann herrscht unter Wasser die beste Sicht; überdies kommen im Februar und März ganze Schwärme von Grönlanddorschen zur Paarung in die Gewässer vor den Lofoten.

Lofoten Diving, Øyaveien 37, 8373 Ballstad, Tel. 40 04 85 54, www.lofoten-diving.com

ÜBER DEN POLARKREIS

Lang, aber keinesfalls langweilig gestaltet sich die Fahrt durch das Innere der Provinz Nordland. Die bunten Holzhäuser von Mosjøen, das karge Saltfjell, der Svartisen, immerhin Norwegens zweitgrößter Gletscher, und die Stadt Narvik mit ihren sehenswerten Museen sind nur einige der lohnenden Stopps entlang der Europastraße 6.

① Mosjøen

Mosjøen (9800 Einw.) ist eines der wichtigsten Industriezentren der norwegischen Provinz Nordland. In dem Hauptort der Gemeinde Vefsn befindet sich eine der größten Aluminiumhütten Europas und wird in großem Stil Holz verarbeitet. Auf den ersten Blick abweisend, zeigt sich der Ort im Zentrum voll traditioneller Holzarchitektur.

SEHENSWERT

Die bunten historischen **Holzhäuser** in der Sjøgata aus dem 18. und 19. Jh. sind kein Freilichtmuseum, sie sind bewohnt und beherbergen Cafés, Galerien, Ausstellungen, Antiquitätenläden und Museen. Beim Spaziergang durch das heute so fotogene Viertel mag man kaum glauben, dass es nach dem Zweiten Weltkrieg als Schandfleck galt.

MUSEEN

Das **Vefsnmuseum** in einem der Holzhäuser direkt am Fluss widmet sich der Stadtgeschichte, zeigt wechselnde Ausstellungen und rundet mit Konzerten sein Angebot ab (Jacobsenbrygga, Sjøgata 31b, www.helgelandmuseum.no; Di.–Fr. 11.00–17.00, Sa., So. 12.00 bis 15.00). Die 1933 eröffnete **Shell-Tankstelle** in Mosjøen war eine der ersten in Norwegen; 1995 wurde sie vom Vefsnmuseum restauriert und wieder in den Originalzustand versetzt. Im Innern gibt es eine Ausstellung (Strandgata).

HOTEL UND RESTAURANT

Seit mehreren Generationen wird das **€€ Fru Haugans Hotel**, das älteste Hotel Nordnorwegens, von Frauen gemanagt. Es gehört der Edelkette »De Historiske« an, allerdings nur im historischen Flügel spürt man noch die Vergangenheit des Hauses. Ein schöner Garten fördert die Entspannung (Strandgata 39, 8651 Mosjøen, Tel. 75 11 41 00, www.fruhaugans.no). Im Café der **€ Kulturverkstedet,** einem wichtigen sozialen Treffpunkt, wird traditionelles Essen aus der Region angeboten. In der Galerie kann man Werke norwegischer Künstler anschauen und erwerben. Freitags finden Mittagskonzerte statt (Sjøgata 22–24, Tel. 75 17 27 60, https://kulturverkstedet.net).

INFORMATION

Helgeland Reiseliv, Sjøgata 2, 8656 Mosjøen, Tel. 75 01 80 00, https://visithelgeland.com

Unterwegs in Nordland trifft man wilde und nicht so wilde Tiere (oben und rechts unten). Rechts oben: der »Meermann« im Ranfjord

② Mo i Rana

Die moderne Industriestadt mit 19 000 Einw. liegt am Ende des Ranfjords, lediglich rund 80 km südl. des Polarkreises. Das Stadtbild ist nüchtern und wenig reizvoll, die Umgebung dagegen lädt zu vielen Unternehmungen ein.

SEHENSWERT

Ältestes Gebäude der Stadt ist die weiße **Holzkirche** von 1724. 1995 hat der englische Künstler Antony Gormly seine 11 m hohe Betonskulptur **Havmannen** (Ola Grotnes vei 27) im Ranfjord unweit des Ufers versenkt – je nach Wasserstand ist mehr oder weniger von ihr zu sehen.

UMGEBUNG

Wichtigstes Ziel in der Umgebung ist die östl. Region des **Svartisen-Gletschers.** Sein 1200 bis 1400 m hohes Plateau überragen einzelne Gipfel, darunter Snøtinden (1599 m), Sniptinden (1591 m) und Istinden (1577 m). Wenn man von der E 6 in Richtung Grønligrotten abbiegt, gelangt man zum Svartisvatn, über dem sich das Eis des Gletschers auftürmt. Im Sommer fährt ab 10.00 Uhr alle zwei Std. ein Boot über den See, die anschließende Wanderung bis zur Gletscherzunge Østerdalsisen dauert rund 1,5 Std.

Nördlich von Mo i Rana führt die E 6 durch Dunderlandsdal, Lønsdal und Saltdal am Ostrand des **Saltfjell-Svartisen-Nationalpark**s entlang. Mit 2250 km² ist er Nordnorwegens größter und vielfältigster Nationalpark. E 6 und Bahnlinie sind die einzigen Verkehrsadern in dieser wilden Landschaft. Der Nationalpark wird von einem Netz aus Wanderwegen durchzogen, jeweils einen Tagesmarsch voneinander entfernt liegen Selbstbedienungshütten. In **Storjord** (115 km nördl. von Mo i Rana) befindet sich zwischen den Nationalparks Saltfjell-Svartisen und Junkerdal das Nordland Nasjonalparksenter, ein Informationszentrum für alle Nationalparks Nordlands (www.nordlandsnaturen.no; Juni–Aug. tgl. 12.00–17.00, sonst Di.–Fr. 10.00–15.00, Sa., So. 12.00–16.00 Uhr). Ebenfalls in Storjord zweigt von der E 6 die RV 77 ab und erschließt das ebenso dramatische wie fruchtbare **Junkerdal** bis zur schwedischen Grenze. Hier wachsen auch solche Pflanzen, die normalerweise nur in südlicheren Breiten gedeihen.

INFORMATION

Mo i Rana Turistinformasjon, O. T. Olsens gate 3, 8622 Mo i Rana, Tel. 75 01 80 00, https://visithelgeland.com

❸ Fauske

Fauske ist vor allem bekannt für seinen Marmor – und das sogar weltweit. Denn der edel gemaserte Stein schmückt nicht nur das Osloer Rathaus, den Flughafen Gardermoen und das Hurtigrutenschiff »Trollfjord«, er wurde u. a. auch im New Yorker Gebäude der Vereinten Nationen und im Kaiserpalast von Tokio verbaut. Die Marmorbrüche können nicht besichtigt werden.

MUSEUM

In schöner Lage am Fjord inmitten eines Birkenwaldes befindet sich **Fauske Bygdetun,** ein kleines Heimatmuseum mit historischen Gebäuden der Region (Sjøgata 46, http://nordlandsmuseet.no/fauske_bygdetun; Di.–So. 11.00–16.00 Uhr).

HOTEL

Im **€ € Kjerringøy Rorbusenter** fühlen sich vor allem Angler und Wanderer wohl. Die Hütten in Einzellage direkt am Wasser sind

---

Tipp

Polarkreiszentrum

Auf dem baumlosen Saltfjell auf einer Höhe von 680 m ü. d. M. überquert die E 6 den Polarkreis. Auf 66° 33' 55" N beginnt im Sommer das Reich der Mitternachtssonne und im Winter das der Polarnacht. Direkt an der Straße liegt das Polarkreiszentrum, das einem Samenzelt nachempfunden wurde. Natürlich gibt es einen Souvenirladen, aber auch eine Cafeteria mit typisch nordnorwegischen Gerichten, eine Ausstellung zum Polarkreis, den Film »Welcome to the Arctic«, den Polarkreisstempel auf Briefe und Ansichtskarten sowie die Polarkreisurkunde.

INFORMATION

Polarsirkelsenteret, Saltfjellveien 1850, https://polarsirkelsenteret.no; Mai–Sept. tgl. 9.00–18.00 Uhr

---

In Narviks Kriegsmuseum (oben). Das Hamsunsenter in Hamarøy (rechts oben). Erz für die Welt: Narviks Hafen (rechts unten)

komfortabel, Sauna und Badezuber im Freien sorgen für Entspannung (Tårnvik, 20 km nördl. von Kjerringøy, Tel. 41 43 18 21, www.kjero.no).

UMGEBUNG

Bei Fauske zweigt eine Straße nach **Sulitjelma** (35 km südöstl.) ab, wo nahe der schwedischen Grenze bis Anfang der 1990er-Jahre Kupfer und Katzengold abgebaut wurden. Im Bergwerksmuseum des kleinen Ortes und in der Besuchsgrube kann man sich über den Abbau informieren (Fagerli 41, http://nordlandsmuseet.no; Mitte Juni–Mitte Aug. tgl. 11.00-1.00 Uhr). Rund 25 km nördl. von Fauske zweigt die FV 617 ab und führt noch 5 km weiter bis **Lakshola,** einem guten Ausgangspunkt für Wanderungen im relativ kleinen Rago-Nationalpark (171 km²), der zu den wildesten und abgelegensten Gebirgsregionen Nordnorwegens gehört. Vorbei an Bodø gelangt man nach **Kjerringøy TOPZIEL** (80 km nordw.), dem »Sirilund« Knut Hamsuns. Der dortige frühere Handelsplatz bietet eine Zeitreise ins 19. Jh.; das Freilichtmuseum präsentiert mehr als ein Dutzend Häuser des alten Wirtschaftszentrums. Im nahen Kulturzentrum Zahlfjøsen gibt es eine Webstube, eine Bootswerkstatt, eine Galerie, diverses Kunsthandwerk und Ausschnitte aus Filmen nach Hamsuns Werken zu sehen (Kjerringøy handelssted, www.nordlandsmuseet.no; Mitte Mai–Aug. tgl. 11.00–17.00, sonst Sa. 11.30 bis 15.00 Uhr).

INFORMATION

Fauske Turistinformasjon, Storgaten 76a, Tel. 94 97 78 90, www.fauske.kommune.no

❹ Hamarøy

Die zerklüftete Halbinsel beeindruckt mit tief eingeschnittenen Fjorden, steil aufragenden Bergen und einer Vielzahl vorgelagerter Schären und Holme. Hier verbrachte der Literatur-Nobelpreisträger Knut Hamsun (1859–1952) einen Teil seiner Jugend. Von Skutvik kann man auf die Lofoten übersetzen. Unbedingt empfehlenswert ist ein Besuch des Leuchtturms Tranøy fyr.

SEHENSWERT

Das **Hamsunsenteret** ist ein Dokumentationszentrum und Literaturhaus, das sich dem Werk des gleichnamigen Schriftstellers widmet. Bemerkenswert ist das im Jahr 2009 eröffnete, mit Holz verkleidete, preisgekrönte Turmgebäude des amerikanischen Architekten Steven Holl (Presteid, http://hamsunsenteret. no; Mitte Juni–Mitte Aug. tgl. 10.00–18.00 Uhr, sonst kürzer).

ERLEBEN

Markantester Berg ist der **Hamarøyskaftet,** auf dessen Gipfel führt eine luftige Klettertour, die man am besten unter kundiger Führung in Angriff nimmt (Tel. 90 63 60 86, https://nordlandturselskap.no/opplevelser/hamaroy skaftet; Mai–Sept.).
Das **Tysfjord Turistsenter** südl. von Bognes bietet Orca-, Elch-, Seeadler- und Nordlichtsafaris an (8275 Storjord, Tel. 75 77 53 70, www. tysfjord-turistsenter.no).

INFORMATION

Hamsunsenteret, Vestfjordveien 1464, 8294 Hamarøy, Tel. 75 50 34 50

❺ Narvik

Der ganzjährig weitgehend eisfreie Ofotfjord war bereits vor der Ära der Wikinger Siedlungsgebiet. Die heutige Stadt (14 000 Einw.) verdankt ihre Existenz vor allem der Verschiffung des Eisenerzes aus den schwedischen Gruben von Kiruna; um 1900 war mit dem Bau der unverändert wichtigen Eisenbahntrasse nach

Schweden begonnen worden. Um Narvik entbrannten im Zweiten Weltkrieg schwere Kämpfe, bei denen die Stadt in Schutt und Asche gelegt wurde. Bis heute dominieren aber die Erzverladeanlagen große Teile des Stadtbilds.

SEHENSWERT

Besichtigungen der **Hafenanlagen** organisiert die Touristeninformation. Schräg gegenüber der schwedischen Seemannskirche in der Kongensgate erinnert ein Denkmal an die norwegischen Panzerschiffe »Norge« und »Eidsvold«, die bei den Kämpfen 1940 versenkt wurden; auf dem Grund des Fjordes liegen noch die Wracks von einigen weiteren deutschen und britischen Kriegsschiffen.

MUSEEN

Das auch architektonisch sehenswerte **Kriegsmuseum** widmet sich den Ereignissen zwischen 1940 und 1945, zeigt aber auch immer wieder Ausstellungen, die sich mit Themen wie Krieg, Frieden und Menschenrechten beschäftigen (Narvik Krigsmuseum, Kongensgate 39, https://warmuseum.no; tgl. 10.00 bis 18.00 Uhr).
Im kulturhistorischen **Museum Nord – Narvik** erfährt man alles über den Erzhafen (Administrasjonsveien 3, www.museumnord.no/en/narvik; Mo., Mi. Fr. 10.00–17.00 Uhr).

ERLEBEN

Die Lage von Narvik könnte kaum schöner sein. Vor allem das durch eine Gondelbahn erschlossene Wander- und Wintersportgebiet **Narvikfjell** bietet viele Möglichkeiten für einen abwechslungsreichen Aktivurlaub (www.narvikfjellet.no).

VERANSTALTUNGEN

Im März vergnügt sich die Stadt bei der **Winterfestwoche** mit Musik, Literatur und Shows (www.vinterfestuka.no).

RESTAURANTS

Neben feiner norwegischer Küche ist im €€€/€€ **Linken Restaurant & Bar** der Ausblick aus dem obersten Stockwerk des Quality Hotel Grand Royal köstlich (Kongensgate 64, Tel. 76 97 70 00, www.strawberry.no; Di.–Do. 18.00–1.00, Fr. und Sa. 18.00–3.00 Uhr). In der Narviker Fischhalle kann man alle Köstlichkeiten des Meeres kaufen, sich aber auch im € **Fiskekroken** mit guten Fischgerichten verwöhnen lassen (Kongensgate 42, Tel. 40 40 19 83).

UMGEBUNG

Eine Fahrt mit der **Ofotbahn** führt an die schwedische Grenze und weiter bis nach Kiruna; innerhalb weniger Kilometer gelangt man vom Fjord aufs Fjell.

INFORMATION

Narvik Turistkontor, Kongensgate 39, 8514 Narvik, Tel. 76 96 56 00, www.visitnarvik.com

TIEF IN NORDLANDS UNTERWELT

Kalkstein und der mit ihm verwandte Marmor, die beiden dominierenden Gesteinsarten im Gebiet von Saltfjell und Svartisen, werden von Gebirgsbächen ausgewaschen, wodurch im Laufe von einigen Hunderttausend Jahren regelrechte Labyrinthe und hallenförmige Grotten entstanden sind.

Auf dem Weg von Mo i Rana zum Svartisen lohnt ein Halt an der Grønligrotte. Vom Parkplatz sind es 20 Minuten Fußweg bis zum Eingang der Höhle. Mit einer Länge von mehr als vier Kilometern zählt sie zu den längsten der rund 200 Höhlen in der Region. Schon seit über 100 Jahren werden Besucher durch die Grønligrotte geführt, anfangs noch im fahlen Licht von Karbidlampen, seit den 1960er-Jahren gibt es elektrisches Licht. Im Verlauf der einstündigen Führungen sieht man mehrere Gletschermühlen, ausgewaschene Kalksteinformationen und einen Wasserfall, der von einem Höhlenbach gespeist wird.

Recht bequem lässt sich die gut erschlossene Grønligrotte erkunden.

Der Besuch der nahen Setergrotte ist nichts für Klaustrophobiker. Bevor es losgeht, bekommen alle Gummistiefel, Helm, wasserdichte Kleidung und eine Stirnlampe, da die Setergrotte nicht elektrifiziert ist. Bei den zweistündigen Führungen kommt man in große Hallen, muss aber auch durch enge Tunnel und über glitschige Passagen. Auch in dieser Höhle gibt es interessante Kalk- und Marmorformationen sowie einen unterirdischen Fluss. Nur wenige wissen, dass in der Setergrotte auch Käse gelagert wird, der hier seinen kräftigen Geschmack entwickelt.

Grønligrotta: www.gronligrotta.no; Juli–Mitte Aug., Führungen stdl. 10.00–17.00 Uhr.

Setergrotta: www.setergrotta.no; Mitte Juni–Mitte Aug. zweistündige Führungen 15.00, im Juli auch 11.30 Uhr, Buchungen online

Anfahrt: Die Höhlen liegen rund 20 km nördl. von Mo i Rana. Etwa 13 km hinter Røssvoll zweigt die Straße zum Flughafen, Svartisen und den Grotten ab; die Grønligrotta ist dann ausgeschildert.

Lofoten und Vesterålen

*

ALPEN MITTEN IM MEER

*

Berge, mal schroff und unnahbar, oft aber auch von saftigem Grün überzogen. Türkisfarbenes Meer und weiße Sandstände, winzige Fischerdörfer, vor denen Boote sanft schaukeln, kreischende Möwen und Seeadler am Himmel, Pottwale vor der Küste, Schafe auf grünen Wiesen und im Winter magisch leuchtende Nachthimmel – all das bieten die Lofoten und Vesterålen.

Lofoten als Winterziel: der Weiler Eliassen Rorbuer bei Reine auf der Insel Moskenesøy

Auf den Lofoten dreht sich seit jeher alles um Fisch. Schon die Steinzeitmenschen gingen hier fischen – vor mindestens 6000 Jahren. Archäologen haben in ihren Küchenabfällen Angelhaken aus Knochen, Harpunenspitzen und Fischgräten gefunden. Da es auf den Lofoten zu dieser Zeit noch Kiefern- und Birkenwälder gab, hatten die Menschen auch genügend Baumaterial für Boote. Auch für einen der mächtigsten Wikingerhäuptlinge im Norden, dessen Langhaus in Borg rekonstruiert wurde, bildete der Fischreichtum der Gewässer um die Lofoten die Lebensgrundlage. Und um 1100 waren Fang und Trocknen des Fisches Anlass für die Gründung von Vágar, der ersten Mittelalterstadt in Nordnorwegen. Das wichtigste Produkt der Lofoten war und ist der Stockfisch, der in der kalten, trockenen Winterluft bestens trocknet.

»DAS REINSTE DES REINEN, DAS KÄLTESTE DES KALTEN, DAS UNBERÜHRTESTE DES UNBERÜHRTEN, DAS VORNEHMSTE, WAS MAN SICH DENKEN KANN.«

Skagen-Maler Christian Krogh über die Lofoten

VOM FISCHERDORF ZUR HAUPTSTADT

Die Keimzelle des modernen Svolvær liegt auf der Insel Svinøy und ist mittlerweile durch eine kühn geschwungene Brücke mit dem Festland verbunden. 1828 erwarb der Kaufmann Gunnar Berg halb Svolvær und gründete einen Fischhandel samt Laden, Bäckerei, Telegrafenamt und Pub. Den alten Kramladen gibt es noch heute. In dem alten Lagerhaus mit niedrigen Decken und vom Alter gezeichneten Balken befindet sich das Restaurant »Børsen Spiseri«, in dem Stockfisch gekonnt zubereitet wird. Die Firma Berg handelt bis heute mit Fisch – mittlerweile in der fünften Generation.

Lofoten-Insel Austvågøy: Blick vom Berg Nipen auf das auf mehrere Eilande verteilte Fischerdorf Henningsvær; im Hintergrund passiert das Hurtigrutenschiff »Kong Harald« (oben). Die wegen ihrer Größe so genannte »Lofoten-Kathedrale« in Kabelvåg: Ihr Name Vågan kirke erinnert daran, dass hier 1838 Norwegens erste Stadt nördlich von Trondheim gegründet wurde (Mitte). Am Hafen von Henningsvær, dem wohl bekanntesten Fischerdorf ganz Norwegens, bestimmt die von Fischfang und -verarbeitung geprägte Holzarchitektur die Szenerie (unten).

Die von Kletterern geschätzte Felsformation Svolværgeita
liegt auf der Südwestseite des Berges Fløya, direkt über der
»Lofotenmetropole« Svolvær, die sich über mehrere Inselchen verteilt.

In Å am Südwestende der Lofoten-Insel Moskenesøy werden alle Fragen zu Trocken- bzw. Stockfisch beantwortet.

Svolværs Hafen präsentiert sich mittlerweile als geschlossene Front aus postmodernen Häusern. Die Neubauten erdrücken die wenigen historischen Holzhäuser, auch die nüchternen Nachkriegsbauten, von denen oft die Farbe blättert, rücken immer mehr in den Hintergrund. Der Hafen ist zentrale Anlaufstelle für jegliche Art von Aktivitäten, hier starten Kajakfahrer und Schnellboote, beginnen Tauchgänge, Seeadlersafaris und Ausflüge zum Trollfjord.

INSPIRATION LOFOTEN

Maler, Keramiker, Glasbläser, Kunsthandwerker, Schmiede, Bildhauer, Fotografen und Filmemacher, sie alle zieht es auf die Lofoten. Die unvermittelt aus dem Meer aufsteigenden Berge, kleine Fischerdörfer und nicht zuletzt das spezielle Licht des Nordens bieten allen Inspiration und Motive. Der Nationalromantiker Gunnar Berg aus Svolvær war der Erste, der in der zweiten Hälfte des 19. Jahrhunderts Lofotenbilder malte. Eines seiner bekanntesten ist »Die Schlacht im Trollfjord«, ein Motiv, das auch einer der produktivsten norwegischen Maler der Gegenwart, Karl Erik Harr, immer wieder neu interpretiert. Seine Bilder stellt er in der eigenen Galerie in Henningsvær aus, sie schmücken aber auch mehrere Hurtigrutenschiffe.

Die Galerie Dagfinn Bakke in Svolvær vertritt, wie auch das Nordnorwegische Künstlerzentrum, eine Vielzahl regionaler Künstler. In Kabelvåg ist die Galerie Kaare Espolin Johnson ein Muss, ebenso die frühere Kaviarfabrik in Henningsvær, die zeitgenössische Kunst präsentiert.

Neben den Galerien gibt es auch sehenswerte Kunst in der Landschaft. In der Hafeneinfahrt von Svolvær begrüßt ein ungewöhnlicher Leuchtturm die Ankommenden: Die über vier Meter hohe Bronzeskulptur »Fiskerkona« des norwegischen Bildhauers Per Ung zeigt eine Fischerfrau, die auf die Rückkehr der Boote wartet. Von den 35 Kunstwerken der Skulpturenlandschaft Nordland stehen vier auf den Lofoten, eine auf Røst und sechs auf den Vesterålen.

DIE LOFOTENFISCHER

Ohne die reichen Fischgründe vor der Küste wäre Nordnorwegen nie besiedelt worden, auch Bergen, Ålesund und Kristiansund hätten sich nie so entwickelt. Ohne den Kabeljau wären auch die Wikinger nicht so erfolgreich gewesen, denn der getrocknete Fisch war eine begehrte Handelsware und, noch viel wichtiger, idealer Proviant für lange Seereisen, die bis nach Island, Grönland und Amerika führten.

> **»LUFTSPIEGELUNGEN, DIE DIE BERGKETTEN VOR UND HINTER DIR AUF DEN KOPF STELLEN, IMMER IN BEWEGUNG, WÄHREND WALE SPIELEN UND VÖGEL RUFEN.«**
>
> Bjørnstjerne Bjørnson über die Lofoten

Glanzstück des Wikingermuseums Borg auf Vestvågøy ist das außen wie innen authentisch rekonstruierte Langhaus aus der Wikingerzeit

Wikinger-Festival im Wikingermuseum Borg: Die Theatergruppe Skaldatal zeigt eine Kampfshow, fachkundig begutachtet von einem Wikinger-Häuptling mit seinem Sohn (Mitte links und rechts).

Stockfisch satt: im Lofoten Tørrfiskmuseum in Å auf der Lofoten-Insel Moskenesøy

Auf den Lofoten und den Vesterålen hängt der Himmel voller
Stockfisch – gedörrt vom trockenen Winterwind (oben und Mitte
links).

Die »Nordkapp« im Trollfjord, im Kielwasser ein
Ausflugsboot mit Passagieren des Hurtigrutenschiffs

Vesterålen-Insel Andøy:
Küstenlandschaft bei Bleik

Vesterålen-Insel Langøy: Langsam kommt
das Leben zurück nach Nyksund.

Seit Menschengedenken kommt der Kabeljau im Winter zum Laichen in die Gewässer vor den Lofoten. Und mit ihm kommen die Fischer aus allen Teilen des Landes – bis heute. Wie hektisch es bis Anfang des 20. Jahrhunderts zuging, erzählt Johan Bojer in seinem Roman »Die Lofotfischer«. Es ist die Geschichte vom Kampf gegen Wind und Wellen, von der Suche nach Reichtum und Glück. Held ist Kristaver Myran, der mit seinem Sohn Lars und seiner Mannschaft zu den Lofoten aufbricht: »Für Kristaver Myran war es ein großer Tag. Das, wonach er sich viele Jahre lang in aller Stille gesehnt hatte, war endlich Wirklichkeit geworden. Hier stand er als Führer seines eigenen Lofotbootes. Der bekannte Strand mit den kleinen Häusern verschwand und der frische Landwind trug die ‚Robbe‘ durch die Krappseen. Es ging den alten Weg nordwärts, Hunderte von Meilen in Sturm, Frost und Schneegestöber. Denselben Weg, den die Vorfahren seit langen, langen Zeiten gezogen waren.«

Die Lofotfischer verkauften ihren Fang an einen der Dorfherren oder brachten ihn nach Bergen und deckten sich danach für ein Jahr mit Vorräten ein. War es ein schlechtes Jahr, mussten sie anschreiben lassen. Da die schlechten Jahre überwogen, waren viele hoffnungslos verschuldet. Es war ein hartes Leben bei Sturm, Schnee und Kälte auf dem Meer, an Land teilte sich die Bootsmannschaft eine winzige Hütte. Hier wurde gekocht, geraucht, getrunken und geschlafen.

»Sie hatten seit einer Woche kein gekochtes Essen bekommen, sie hatten tagelang gehungert, jetzt mussten sie etwas anderes haben als Kaffee und Fladenbrot. ‚Mölje!‘, sagte einer. ‚Mölje!‘ stimmten die meisten ein. Das war ein Essen, und es war dieses Jahr noch nicht auf den Tisch gekommen. Henrik trug mehrere Schüsseln mit zerstückeltem Fladbröd herein, dann kam der Topf mit

»DIE STILLE, DIE ABSOLUTE STILLE IN DER NATUR ERLEBT ZU HABEN, DAS IST SCHON WAS ...«

Der Outdoor-Guide Jann Engstad
über seine Seekajaktouren

gekochter, dampfender Leber, von der er eine reichliche Portion auf jede Schüssel verteilte. Das Fett glänzte auf den Fladbrödhaufen, jetzt wurde Molkenkäse geschabt und darüber gestreut und schließlich wurde Sirup in langen goldenen Schlangen über das Ganze gegossen ... Herrgott, das schmeckt!«

DORF DER LEBENSKÜNSTLER

Auf der Karte muss man schon ein wenig nach Nyksund suchen, dem winzigen Dorf am Ende der Welt. Bei Sortland geht es auf die Vesterålen-Insel Langøy, dann immer nach Norden bis Myre. Von hier sind es dann noch 30 Minuten auf einer teils geschotterten und löchrigen Piste bis Nyksund. Am Ende der Straße dann ein Dutzend bunte Häuser, die sich um einen kleinen Hafen drängen. Jedes von ihnen könnte Geschichten erzählen, von guten und schlechten Zeiten, von Verfall und Renovierung. An der senfgelben Fassade eines stattlichen Holzhauses steht »Holmvik Brygge«. Hierher hat es den Düsseldorfer Ssemjon Gerlitz verschlagen. Er ist einer von mittlerweile rund 20 festen Bewohnern, die es auch im Winter hier aushalten. »Nyksund kann für viele ein Schock sein«, sagt er, »man muss sich darauf einlassen.« Er ist einer der aktivsten beim Wiederaufbau des Orts und hat es geschafft, »Holmvik Brygge« zu einem einfachen Gästehaus mit Restaurant auszubauen. In seiner guten Stube kann man es sich bei Lamm, Lachs und Ren gut gehen lassen. Wenn Ssemjon Zeit hat, erzählt er für sein Leben gerne Geschichten über den Ort am Ende der Welt. »Wo sonst kann man noch Pionier sein?«, sagt er voller Überzeugung. Man glaubt es ihm sofort.

Interview mit dem Kapitän

AUF WALSAFARI

Vor der Vesterålen-Küste fällt der Kontinentalsockel abrupt in die Tiefsee ab. Hier jagen Pottwale das ganze Jahr über ihre Lieblingsspeise Tintenfisch. Von Andenes fährt man nur rund eine Stunde bis zum Kontinentalsockel, und in der Regel dauert es auch kaum länger, bis der erste Wal gesichtet wird. Pottwale sind zwar nicht die einzigen Meeressäuger, denen man hier begegnet, doch sind sie wegen ihrer aufgereckten Schwanzflosse beim Abtauchen besonders fotogen.

Geir Maan ist Mitgründer der Walsafaris in Andenes und seit 1992 Kapitän des Kutters »Reine«. Seither hat er einige Tausend Touren mitgemacht und dabei mehrere Zehntausend Wale gesichtet.

Warum ist Andenes der ideale Ort, um vor allem Pottwale zu beobachten?
Vor Andenes ist das Meer bis zu 2000 Meter tief, und auf der Seekarte ist gut zu sehen, dass es einen Unterwassercanyon gibt. Nirgendwo an der norwegischen Küste findet man so eine Wassertiefe nur gut 10 Kilometer vom Ufer entfernt. Hier halten sich die Pottwale bevorzugt auf. Kein anderes Säugetier kann so lange und so tief tauchen wie der Pottwal. In der Dunkelheit der Tiefsee orientiert er sich mithilfe von Echoklicks und spürt so seine Lieblingsspeise Tintenfisch auf, von denen er rund eine Tonne pro Tag verspeist.

Was ist die beste Jahreszeit für eine Walsafari?
Für die Firma natürlich der Sommer, denn da haben wir die meisten Buchungen. Im Winter kommen jedoch viel mehr Wale, weil sie den Heringsschwärmen folgen, die zu dieser Zeit die Küste entlangziehen. Pottwale kommen das ganze Jahr über, deshalb können wir die Walsafaris ganzjährig anbieten. Heute mussten wir wegen der hohen Wellen nach drei Pottwalsichtungen abbrechen, das war eine eher unterdurchschnittliche Tour.

Mittlerweile gibt es auch andere Veranstalter. Warum gelten Ihre Walsafaris als die besten?
Wir haben damit angefangen und deshalb die meiste Erfahrung. Und wir geben eine Walgarantie, d. h., wenn jemand keinen Wal gesehen hat, bekommt er sein Geld zurück oder kann eine weitere Tour machen. Durch unsere Erfahrung und die Unterwassermikrofone wissen wir in der Regel genau, wo sich die Tiere aufhalten.

Was halten Sie von Walsafaris mit schnellen Booten auf Schlauchbootbasis?
Ich mag diese Boote überhaupt nicht; sie sollten verboten werden, denn sie verschrecken und ängstigen die Wale. Mit unseren Unterwassermikrofonen können wir die Kommunikation der Tiere auch aus größerer Entfernung verfolgen und wir hören, dass sie sich gestört und gestresst fühlen. Zudem haben RIB-Boote so wenig Tiefgang

Walsafari ab Andenes: Kapitän Geir Maan auf dem Kutter »Reine«

Unvergesslich, wenn ein Pottwal abtaucht, denn dann zeigt er seine Fluke, seine mächtige Schwanzflosse (oben). Auch bei gutem Wetter kann das Nordmeer vor den Vesterålen unruhig sein; dann rollt die »Reine« in der Dünung – was nicht unbedingt jedermanns Sache ist (unten).

Informationen

. . . .

Hvalsafari Andenes, Hamnegata 1C, Tel. 76 11 56 00, www.whale safari.no; Mitte Mai–Mitte Aug. tgl. 3–4 Touren, sonst weniger, im Winter nur Mi. und Sa. jeweils eine Tour, Dauer 2–4,5 Std. Im Sommer mindestens zwei Tage im Voraus buchen.

und sind so schnell, dass Pottwale sie nicht eindeutig orten können.

Mittlerweile haben Sie ein weiteres Boot,, die »Maan Dolphin«. Welches ist besser für Walsafaris geeignet?
Als wir das erste Mal mit dem neuen Boot hinausgefahren sind, haben wir gehört, dass die Schiffsschrauben sehr hochfrequent laufen und dies die Wale beunruhigt. Daraufhin haben wir die Schrauben gegen größere getauscht, die sich langsamer drehen und so weniger Lärm unter Wasser verursachen.

Bei den Fahrten sind regelmäßig Biologen mit an Bord, was sind ihre wichtigsten Ergebnisse?
Für uns waren Wissenschaftler besonders wichtig, die für uns die Unterwassermikrofone entwickelten, mit denen wir die Kommunikation der Wale untereinander besser dokumentieren können. Außerdem haben sie Verhaltensstudien durchgeführt, die gezeigt haben, dass unsere Walsafaris die Tiere nicht stören.

Welche Walarten haben Sie schon vor Andenes gesehen?
Pottwale, Orcas, Zwergwale, Finnwale, Grindwale und Buckelwale. Gerne würde ich noch einen Blauwal und einen Atlantischen Nordkaper sehen, aber die kommen nicht in die Gewässer vor Andenes.

Was war bisher ihr beeindruckendstes Erlebnis?
Pottwale, die ganz nah ans Boot schwimmen und die Menschen anschauen, sind immer ein besonderes Erlebnis. Einige wenige Male haben wir einen springenden Pottwal gesehen, einer hat sich sogar siebenmal hintereinander aus dem Wasser katapultiert. Eigentlich springen Pottwale nicht so wie Buckelwale. Letzten Winter waren 14 Pottwale gleichzeitig an der Oberfläche. Ein einmaliges Erlebnis waren acht Pottwale Seite an Seite an der Oberfläche, die im Sekundentakt, wie bei einem Wasserballett, nacheinander abgetaucht sind.

ARCHIPELE IM NORDMEER

Auf den Lofoten ragen die Berge besonders steil und schroff aus dem Meer. Winzige Fischerdörfer und rote Rorbuer sind das Markenzeichen der Inseln. Aber auch Traumstrände und saftige Wiesen haben sie zu bieten. Weniger schroff präsentieren sich die Vesterålen, auf die es viele Besucher vor allem wegen der Walsafaris zieht.

❶ Andøy

Die nördlichste Insel der Vesterålen hat neben den typischen schroffen Bergen auch weite Moorgebiete, in denen besonders viele Moltebeeren wachsen. Hauptort und Ausgangspunkt für die Walsafaris ist Andenes (2500 Einw.) an der Nordspitze der Insel.

SEHENSWERT/ERLEBEN

Der rote **Leuchtturm von Andenes** kann bestiegen werden (Mitte Juni–Mitte Aug. tgl. 10.00 bis 17.00 Uhr). Das **Andøy Space Center** zeigt einen Film über Polarlichter und Ausstellungen zum Thema Weltraumfahrt (Bleiksveien 46, https://spaceship-aurora.andoyaspace.no; Mitte Juni–Mitte Aug. tgl. 11.00–18.00, sonst Mo.–Fr. 10.00–15.30, Sa., So. 11.00–16.00 Uhr). Südlich von Andenes liegt bei dem kleinen Ort **Bleik** der schöne Sandstrand Bleikstranda mit Blick auf die Vogelinsel **Bleiksøy,** zu der im Sommer tgl. Bootsausflüge angeboten werden. Walsafari Andenes veranstaltet rund ums Jahr **Ausflüge zu den Walen** (siehe »Zur Sache«,

S. 78). Die Wartezeit bis zu den Abfahrten lässt sich im **Walzentrum** mit seinem Museum verkürzen (Hvalsenter, www.whalesafari.no).

ANREISE

Neben Straßenverbindung und Hurtigruten ermöglicht im Sommer tgl. mehrmals eine **Fähre** zwischen Andenes und Gryllefjord auf der Insel Senja (https://fylkestrafikk.no) die Anfahrt.

INFORMATION

www.visitandoy.info

❷ Langøy

Hauptort der drittgrößten Insel Norwegens ist Sortland (5500 Einw.). Im Rahmen der Feierlichkeiten zum neuen Jahrtausend hat man einige Häuser blau gestrichen. Die Idee kam an und fand viele Nachahmer, weshalb sich Sortland mittlerweile »Blaue Stadt am Sund« nennt.

SEHENSWERT

Südl. der Sortlandbrücke befindet sich am Ufer des Sundes die **Skulptur Havsøye** (Meeresauge), 1992 Beitrag des isländischen Künstlers Sigurdur Gudmundsson zur Skulpturenlandschaft Nordland. Auf dem Weg von Sortland nach Nyksund kommt man nach **Jennestad,**

einstmals einer der großen Handelsplätze in Nordland; Kramladen, Galerie und die schöne Lage am Wasser lohnen den Besuch. Ins eine Zeit lang verlassene **Nyksund** ist wieder das Leben zurückgekehrt: Galerien, Cafés und Restaurants laden zum Besuch ein.

HOTELS UND RESTAURANTS

Im **€€ Thon Partner Hotell Sortland** schrieb Knut Hamsun 1911/1912 »Die letzte Freude«; im Foyer wird an ihn erinnert. Das Restaurant hat sich mit nordnorwegischer Küche einen Namen gemacht (Vesterålsgaten 59, 8400 Sortland, Tel. 76 10 84 00, www.thonhotels.no. Dreh- und Angelpunkt Nyksunds ist **€ Holmvik Brygge**. Hier lässt sich einfach, aber gemütlich übernachten; im Restaurant **Holmvik Stua** werden lokale Gerichte in rustikal-maritimer Atmosphäre serviert (8439 Nyksund, Tel. 95 86 38 66, https://nyksund.com; Juni–Aug. tgl. 12.00–21.00 Uhr).

Ssemjon Gernitz von der »Holmvik Brygge« in Nyksund (links); die Vogelinsel Bleiksøy vor Andøy (unten)

Tipp

Der magische Kopf

Beim Ausbau der Norwegischen Landschaftsroute auf den Lofoten wurde auf Vestvågøy in Eggum ein sehenswerter Rastplatz mit Aussichtspunkt angelegt. Geht man von hier einige Minuten am Strand entlang, kommt man zu einem

Kopf auf einer Granitsäule. Wer vollständig um den Kopf herumgeht, dem bieten sich aus unterschiedlichen Blickwinkeln bis zu 16 Ansichten der Skulptur.

UMGEBUNG

In **Stokmarknes** (3400 Einw.) auf **Hadseløy** wurde 1881 von Richard With die »Vesteraalens Dampskibsselskab«gegründet, der Vorläufer der heutigen Hurtigruten. Zum 100-jährigen Jubiläum der Postschifflinie 1993 öffnete das Hurtigrutens hus mit Museum, Kino und Hotel. Davor stand jahrelang etwas vernachlässigt das Hurtigrutenschiff »Finnmarken«; mittlerweile hat man das Schiff renoviert und in einem architektonisch sehenswerten Gebäude mit großen Glasfronten untergebracht (Richard Withs plass 1, https://hurtigrutemuseet.no, Juni bis Aug. tgl. 10.00 bis 17.00, sonst Mo.-Fr. 11.00 bis 15.30, Sa., So. 11.00–17.00 Uhr).

INFORMATION

Sortland Turistinformasjon, Rådhusgata 11, 8400 Sortland, Tel. 76 11 14 80, https://visitvesteralen.com

---

Tipp

Stockfisch in Perfektion

· ·

»Børsen Spiseri« befindet sich in einem der ältesten Gebäude auf der Svolvær vorgelagerten Insel Svinøy. Das rustikale Innere des Kaihauses bietet den Rahmen für perfekte Stockfischgerichte. Tipp: Tørrfisk Royal! Und: Nicht vergessen, in dem historischen Kramladen zu stöbern.

INFORMATION

€€€/€€ **Børsen Spiseri**, Gunnar Bergsvei 2, Svolvær, Tel. 76 06 99 30, www.svinoya.no; tgl. 18.00–22.00, im Sommer auch Lunch 11.30–15.30 Uhr

---

❸ Austvågøy

Auf der größten Lofoten-Insel liegt auch die Hauptstadt Svolvær (4700 Einw.). Neben der traditionellen Fischerei bildet mittlerweile der Tourismus eine wichtige Einnahmequelle. Wahrzeichen des Ortes ist die Bergformation Svolværgeita, die an die Hörner einer Ziege erinnert. Weitere touristisch interessante Orte sind Kabelvåg und Henningsvær.

SEHENSWERT

In der **Magic Ice Bar** mit Galerie direkt am Hurtigrutenkai in **Svolvær** werden Eisskulpturen mit Lofotenmotiven gezeigt, untermalt mit Musik und Lichteffekten – Drink und warme Mäntel sind inklusive (Fiskergata 36, www.magicice.no; Juni–Aug. tgl. 12.00–22.00, sonst tgl. 18.00 bis 22.00 Uhr). **Nordnorsk Kunstnersenter** ist ein Zusammenschluss von Künstlern und Kunsthandwerkern der Region; seine Galerie zeigt wechselnde Ausstellungen und bietet ungewöhnliche und hochwertige

Souvenirs (Torget 20, https://nnks.no; Mo.–Fr. 10.00–21.00, Sa., So. bis 18.00 Uhr). Die Galerie des Künstlers Dagfinn Bakke gibt es seit 30 Jahren; verkauft werden eigene Arbeiten und Werke anderer lokaler Künstler (Richard Withs gata 4, Svolvær, www.dagfinnbakke.no; Di., Mi. und Fr. 11.00–15.00, Do. 11.00–19.00, Sa. 11.00–14.00 Uhr).

Im 19. Jh. war **Kabelvåg** wichtigster Fischerort auf den Lofoten. An diese Zeit erinnert noch die neugotische, auch Lofotenkathedrale genannte Holzkirche von 1898 mit Platz für 1200 Gläubige. Im Lofotakvariet sind alle Meerestiere zu sehen, die in den Gewässern rund um die Lofoten heimisch sind (Storvåganveien 28, www.lofotakvariet.no; Mai, Sept. tgl. 11.00 bis 15.00, Juni–Aug. tgl. 10.00–18.00, sonst So.–Fr. 11.00–15.00 Uhr).

In der Galerie Espolin sind Bilder des Künstlers Kaare Espolin Johnson (1907–1994) zu sehen, der seine Motive vor allem unter Lofotfischern fand (Storvåganveien, Kabelvåg, www.museum nord.no/galleri-espolin; Juni–Aug. tgl. 10.00 bis 18.00 Uhr, sonst kürzer).

Der winzige Fischerort **Henningsvær** TOP-ZIEL liegt auf Inseln, die durch Brücken ans Festland angebunden sind. Der Hafen und die bunten Holzhäuser vor imposanter Bergkulisse gelten als eines der klassischen Lofotenmotive. Galleri Lofotens Hus zeigt vor allem Bilder von Karl Erik Harr (geb. 1940) (Hjelskjæret, www. galleri-lofoten.no; Mitte Mai–Mitte Aug. tgl. 11.00 bis 19.00 Uhr, sonst kürzer). Ab den 1950er-Jahren wurde in der Kaviar Factory die sog. Lofoten Paste hergestellt; heute beherbergt das Gebäude ein Zentrum für norwegische und internationale Gegenwartskunst (Henningsværveien 13, https://kaviarfactory.com; im Sommer tgl. 10.00–19.00, sonst 11.00–16.00 Uhr).

MUSEEN

Im **Lofotmuseet** sind Ausstellungen zum Lofotenfischfang zu sehen (Storvåganveien 25, Kabelvåg, www.museumnord.no/lofotmuseet; Juni–Aug. tgl. 10.00–18.00 Uhr, sonst kürzer).

VERANSTALTUNG

Alljährlich im März finden vor Svolvær die **Weltmeisterschaften im Kabeljau-Angeln** mit mehr als 500 Teilnehmern statt (https://vmiskreifiske.no).

HOTEL UND RESTAURANT

Vom weißen Holzpalast des €€ **Henningsvær Bryggehotell** blickt man direkt auf einen der schönsten Häfen der Lofoten. Terrasse und Restaurant bieten gleichermaßen schöne Ausblicke (Misværveien 18, 8312 Henningsvær, Tel. 76 07 47 50, www.classicnorway.no oder direkt https://henningsvaer.no).

ANREISE

Die Lofoten werden von den **Hurtigruten** angelaufen (Svolvær und Stamsund), ferner gibt es **Schiffsverbindungen** nach Skutvik und Bodø (www.reisnordland.no). Über die Lofast-Verbindung ist die Inselgruppe via Ofoten auch ohne Fähre zu erreichen.

INFORMATION

Svolvær Turistinformasjon, Torget 18, 8300 Svolvær, Tel. 76 07 05 75, www.reisnordland.no

❹ Vestvågøy

Der Hauptort Leknes im Inselinnern bietet gute Einkaufsmöglichkeiten, ist aber recht nüchtern. Auch Stamsund bedient wegen der vielen Steinhäuser, der Hafenanlagen und Fischfabriken nicht unbedingt die typischen Postkartenmotive. Der Ort wurde erst in der zweiten Hälfte des 19. Jh.s von einem der größten Stockfischproduzenten Nordnorwegens gegründet und lebt auch heute noch von der Fischerei.

SEHENSWERT

Mortsund und **Ballstad** bieten mit ihren bunten Rorbuern viele Fotomotive. Die win-

Wikinger in Borg (oben). Modern interpretierte Rorbuanlage in Svolvær (rechts oben). Mit dem Seekajak durch den Trollfjord (rechts unten)

zigen Streusiedlungen **Eggum**, **Unstad** und
Utakleiv werden fast von den umliegenden
Bergen erdrückt. Hier wüten die Winterstürme
besonders heftig – im Sommer zeigt sich dafür
die Mitternachtssonne besonders schön. Auch
die **Strände TOPZIEL**– mal karibisch schön,
dann mit Felsbrocken übersät – locken. Nur
100 m vom Hurtigrutenkai von Stamsund zeigt
der amerikanische Maler Scott Thoe in der Ga-
leri 2 seine Werke (J. M. Johansens vei 18; Sommer tgl. 12.00–18.00 Uhr).

MUSEEN
Größte Sehenswürdigkeit Vestvågøys ist das
Lofotr Vikingmuseet TOPZIEL in Borg. Nachdem Archäologen in den 1980er-Jahren die
Reste eines Wikingerhofes gefunden hatten,
wurde das 83 m lange Haupthaus rekonstruiert
und originalgetreu eingerichtet (Prestegårds-
veien 59, Borg, www.lofotr.no; Mitte Juni–Mitte
Aug. tgl. 10.00–19.00 Uhr, sonst kürzer, Wikin-
gerfestival im Aug.).

INFORMATION
Turistinformasjon Leknes, Storgata 8, 8370
Leknes, Tel. 90 02 03 29, https://visitlofoten.com

❺ Moskenesøy

Je schmaler die Lofotenkette wird, desto steiler
ragen die Berge auf. In Å ist das Ende der Panoramastraße erreicht – vom Aussichtspunkt
reicht der Blick bis zu den Inseln Mosken und
Værøy, dazwischen liegt ein berühmt-berüch-
tigter Gezeitenstrom: Der Moskenstraumen war
nicht nur für Edgar Allan Poe Vorlage für Grusel-
geschichten. Der Abschnitt der Europastraße 10
zwischen Moskenes, Reine und Å bietet die besten **Lofotenpanoramen**.

MUSEEN
Der ganze alte Ortskern von Å wurde zum
Museum erklärt, das **Norsk Fiskværmuseum**
(www.museumnord.no, Juni–Sept. tgl. 11.00 bis
18.00 Uhr) besteht aus alten Fischerhütten, der
Trankocherei und einer Bäckerei. Nicht weit
entfernt befindet sich das **Lofoten Tørrfiskmuseum**, das die Geschichte der Stockfisch-
produktion erzählt (Öffnungszeiten unter Tel.
76 09 12 11).

UMGEBUNG
Auf **Flakstadøy** ist **Nusfjord** zu finden; mit
seinen Rorbuer liegt es malerisch um den
hufeisenförmigen Hafen.
Einer der schönsten Sandstrände der Lofoten
– weiß und feinsandig – erstreckt sich kilome-
terlang bei **Ramberg**; etwas außerhalb vom
Ort steht eine kleine rote Holzkirche von 1780
mit Zwiebelkuppel. Im nahen **Vikten** kann man
in der Glasshytta på Vikten Glaskunst und
Keramik erwerben (http://glasshyttavikten.no;
Juni–Aug. tgl. 10.00–18.00 Uhr).

INFORMATION
Turistkontor Moskenes, 8390 Reine,
Tel. 90 52 07 74,
https://visitlofoten.com

FLANIEREN AUF EINER STEINERNEN FLUKE

Rund 50 000 Norwegenfahrer zieht es alljährlich auf die
nördlichste Vesterålen-Insel. Die meisten von ihnen nehmen den
weiten Weg auf sich, um von Andenes aus auf Walsafari zu gehen.
Zur Bootstour gehört auch ein Besuch des Walzentrums, das allerdings kaum mehr als ein paar lieblos arrangierte Walknochen zu
bieten hat. Dies soll sich ändern, wenn »The Whale« eröffnet wird,
ein hochmodernes Erlebnis- und Wissenszentrum mit großzügi-
gen Ausstellungsflächen und spektakulärer Architektur.

Das Gebäude wirkt wie die Fluke, die gigantische Schwanzflosse eines Wals, und passt sich – trotz seiner Größe von 4500 Qua-
dratmetern – perfekt in die raue, karge und zerklüftete Küstenlandschaft ein. Das kühn geschwungene Betondach überragt kaum
die umliegenden Felsbuckel und verschmilzt so fast vollständig
mit der rauen Natur jenseits des Polarkreises. Vom Dach des Gebäudes lassen sich Mitternachtssonne und Polarlichter beobachten. Und ist das Wetter mal besonders garstig, geht man nach
drinnen und kann aus der Wärme durch die Glasfront die Natur-
schauspiele genießen. Außerdem erfährt man natürlich alles über
die Riesen der Meere, die sich regelmäßig vor Andenes tummeln,
darunter vor allem die beeindruckenden Pottwale. Mit etwas Glück
bekommt man bei einer Walsafari aber auch Orcas, Delfine, Grindwale, Zwerg- und Buckelwale zu sehen. Beim Bau des Museums ist
man auf eine alte Wikinger-Siedlung gestoßen, die Eröffnung ver-
schiebt sich deshalb voraussichtlich auf Ende 2023 oder 2024.

Die Form folgt der Funktion – »The Whale« begeistert auch durch seine Architektur.

»The Whale« ist ein Entwurf des dänischen Architektur-
büros Dorte Mandrup und wird rund 20 Millionen Euro kosten.
Mandrup hat weltweit zahlreiche spektakuläre Gebäude entworfen, von denen viele nicht nur wegen ihrer Formensprache beein-
drucken, sondern auch ökologisch und nachhaltig gebaut wurden.
(Übrigens: Auch die internationale Ausschreibung des neuen Exil-
museums am Anhalter Bahnhof in Berlin hat die dänische Archi-
tektin gewonnen.)

www.dortemandrup.dk, www.thewhale.no

Troms und Tromsø

*

NORWEGEN EN MINIATURE

*

Wer auf dem schnellsten Weg zum Nordkap will, wird von Troms kaum mehr als den Blick auf die Lyngsalpen in Erinnerung behalten. Doch die Provinz und der Abstecher nach Tromsø überraschen, bietet die Stadt doch viel Kultur. Einige der größten Inseln des Landes liegen in Troms – ein Norwegen en miniature mit tief eingeschnittenen Fjorden, Wäldern, Bergen, Seen und Flüssen.

Vom Hausberg Storsteinen blickt man auf das nächtliche Tromsø.

Früher wurde Tromsø »Paris des Nordens« genannt – in der Hafenstadt kam die neueste Mode stets früher als im Rest Norwegens an, weshalb sich die Frauen besonders elegant kleideten. Man könnte der Stadt aber auch heute noch dieses schmückende Attribut verleihen, denn zumindest im Sommer wähnt man sich nicht nördlich des Polarkreises, sondern viel weiter südlich. Kneipen, Restaurants und Cafés sind immer gut besucht, die Menschen feiern gerne in die hellen Nächte hinein und amüsieren sich auf sommerlichen Festivals. Und die vielen Studenten machen Tromsø zu einer jungen Stadt mit viel Lebensfreude.

Weitere Parallelen sind, dass die Zentren von Paris und Tromsø auf Inseln liegen und hier wie dort Kirchen zu den größten Sehenswürdigkeiten zählen. Auch wenn es ziemlich gewagt ist, Notre-Dame de Paris mit der modernen Eismeerkathedrale Tromsøs zu vergleichen, die mit ihrem dreieckigen, gestaffelten Äußeren je nach Sichtweise einem Trockenfischgestell oder übereinandergetürmten Eisschollen ähnelt.

Tromsø: ehemalige Speicherhäuser in der Nachbarschaft des Polarmuseums (oben), die Domkirche im Hintergrund (Mitte) und Begegnung im Polaria (unten)

»JA, WIR LIEBEN DIESES LAND, WIE ES AUFSTEIGT, ZERFURCHT UND WETTERGEGERBT AUS DEM WASSER, MIT DEN TAUSEND HEIMSTÄTTEN.«

Aus der norwegischen Nationalhymne

Im Sommer scheint in Tromsø die Mitternachtssonne, im Winter wabert das Polarlicht über den Himmel. Viele Tromsøer freuen sich zwar über das lebendige Kultur- und Kneipenleben im Sommer, doch auch der Winter hat seine Reize. Denn er ist nicht – wie man als Mitteleuropäer vielleicht denken mag – die dunkle Jahreszeit, sondern die Zeit der Farben. Vollkommen dunkel wird es nämlich nie, nur die blaue Stunde zieht sich ewig in die Länge. Wirklich spekta-

An der Tromsøbrua über den gleichnamigen Sund erhebt sich die architektonisch ungewöhnliche, 1965 erbaute Eismeerkathedrale. Dahinter breitet sich auf einer Insel die Altstadt Tromsøs aus (oben). Tromsøs Bibliothek und Stadtarchiv wurde 2005 fertiggestellt (unten).

Tromsøs Ølhallen gilt als nördlichster Bierkeller der Welt.

Restaurant Fiskekompaniet in der Storgata: Fisch bestimmt in Tromsø die Gastronomie in Hafennähe.

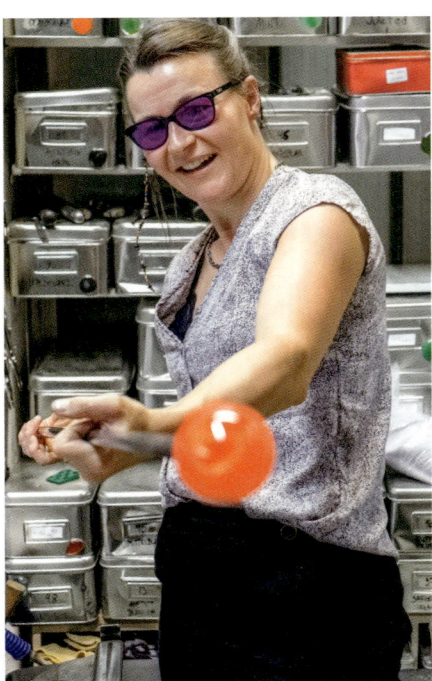

Glashütte Blåst in Tromsø (rechts oben): Glasbläserin Silja Skoglund in Aktion (rechts unten)

Näher kann man der nordnorwegischen Natur kaum kommen
als auf einem Ausflug vom Elements Arctic Camp (siehe Tipp, S. 99).

Special

Mack-Bier

Das erste am Nordpol

Ludwig Mack, ein Bäcker aus Braun-
schweig, braute 1877 in Tromsø das
erste Arctic Beer. Nach deutschem
Reinheitsgebot, mit weichem Fjell-
wasser, mit Malz aus Finnland und
Hopfen aus Bayern.

Bis heute hat sich an diesem Brauver-
fahren nichts geändert, denn die
Brauerei ist unverändert in Familienbesitz. Nur als nördlichste Brauerei
der Welt hat Mack Konkurrenz
bekommen. Stilecht trinkt man das
Arctic Beer, das Lieblingsbier der Polarforscher, Eismeerfischer und Rob-
benjäger, in Tromsøs Ølhallen. Seit
1928 lockt der urige Pub mit seiner
schier endlosen Reihe von Zapfhäh-
nen. Glücklicherweise wird das Bier
auch in Schnapsglasgröße ausgeschenkt, so kann man sich leichter
durch einige der vielen Sorten
arbeiten. Kenner schwören übrigens
auf eine Mischung aus zwei Teilen
dunklem Bier und einem Teil Pilsener.
Beim Trinken schaut einem ein gewaltig großer Eisbär über die Schulter
– vielleicht, weil hier auch Henry
Rudi, der mehr als 700 Eisbären er-
legt haben soll, sein Bier trank. Oder
weil das Arctic Beer das erste Bier
war, das mit einer Expedition den
Nordpol erreicht hat. Noch bis in die
1970er-Jahre kamen nur Arbeiter in
die Ølhallen, doch seit der Eröffnung
der Universität trinken auch Professo-
ren und Studenten hier ihr Bier. Das
ist bis heute so – auch wenn das
Ølhallen mittlerweile zur Touristen-
attraktion geworden ist.

kulär sind in dieser Jahreszeit die Son-
nenauf- und -untergänge, die den Himmel stundenlang in allen erdenklichen
Rot- und Orangetönen erglühen lassen.
Und dann gibt es natürlich noch das Polarlicht, das auch für Einheimische nie
langweilig wird.

DIE NATUR VOR DER HAUSTÜR

Wer mit der Seilbahn auf den Hausberg
Storsteinen fährt, sieht, in welch einmalige Landschaft Tromsø eingebettet
ist, wie nah Meer und Berge beieinander-
liegen. Daher gibt es wohl keine Out-
doorsportart, die nicht in der Nähe der
Stadt angeboten würde. Man kann auf
Polarlichtsafari gehen, mit Schneeschuhen
wandern, Ski laufen, sich von Rentieren
oder Huskys durch die verschneite Landschaft ziehen lassen, Wale beobachten,
Eisangeln oder mit dem Schneemobil
die Umgebung erkunden.

Bei schönem Wetter fährt man kurzer-
hand nach Sommarøy, auf die Sommer-
insel. Hier öffnet sich die Bergwelt zu
einer Insel- und Schärenwelt mit vielen
kleinen weißen Sandstränden und einem
malerischen Fischerdorf. Seinen sonnigen
Namen verdankt das Eiland der Tatsache,
dass es früher als Sommerweide für das
Vieh genutzt wurde. Weit kann hier der
Blick schweifen, im Norden ist der Berg
Håja zu sehen, der dem Architekten der

Blick von der Aussichtsplattform Bergsbotn auf den Bergsfjord
und die umliegenden Berge der Insel Senja

Speziell konstruierte
Flussboote befahren den
Reisaelv im Reisadalen.

Eismeerkathedrale in Tromsø als Inspiration diente. Im Süden sind die wilden Berge von Senja und im Osten die Berge von Kvaløy zu sehen.

DIE ZÄHNE DES TEUFELS

Ihnen sind die Lofoten zu überlaufen? Sie wollen trotzdem bis zu 1000 Meter steil aus dem Meer aufragende Berge sehen, zwischen die sich Fjorde mit glasklarem Wasser schieben? Dann fahren Sie nach Senja! Auf der gut 100 Kilometer langen Norwegischen Landschaftsroute zwischen den beiden Fährhäfen Botnhamn und Gyllefjord nimmt das Staunen kein Ende. Wenn man in Botnhamn von der Fähre steigt, wirkt Nor-

wegens zweitgrößte Insel mit ihren sanft gerundeten, mit lichtem Wald bewachsenen Bergen und den weit verstreuten Häusern lieblich. Doch dies ist nur die Ouvertüre zum Fischdorf Husøy, dessen Häuser sich so eng wie eine Pinguin-Kolonie in der Antarktis auf einer winzigen Insel drängen – so als ob sie Schutz vor den Winterstürmen suchen würden, die über den Fjord hinwegfegen. Beim Rastplatz Erfsfjordstrand richten sich alle Blicke zuerst auf das vermutlich einzige vergoldete Toilettenhaus des Landes. Auch von innen zeigt sich das stille, in kräftigem Rot gehaltene Örtchen stilvoll. Der Sandstrand ist übrigens auch einen Spaziergang wert. Den landschaftlichen

Auf dem Holzweg zu sein, ist in der moorigen Niederung im Ånderdalen-Nationalpark goldrichtig (oben).
Mit Blick auf den Kvænangenfjord hilft der Wegweiser beim Berghotel »Gildetun« auf dem Kvænangsfjell bei der Orientierung.

und architektonischen Höhepunkt bildet der Rastplatz Tungeneset. Ein wettergegerbter Laufsteg aus sibirischer Lärche führt hinab zu blankpolierten Klippen und eröffnet gleichzeitig den Blick auf die gezackten Felsen des Okshornan – im Volksmund die »Zähne des Teufels«.

Von der Sage um den Senjatroll, der schon an Land und auf See gesehen worden sein soll, ließ sich Leif Rubach inspirieren. Er schuf die mit knapp 18 Metern Höhe größte begehbare Trollfigur der Welt und ließ sich diesen Rekord auch vom Guinness-Buch der Rekorde bestätigen. Doch im Jahr 2019 brannte der Riesentroll vollständig ab und wurde bis jetzt noch nicht wieder aufgebaut.

GEFRÄSSIGE MONSTERKRABBEN

Königskrabbensafaris sind beliebt an der Küste Nordnorwegens. Spätestens wenn die Tiere in Käfigen an Bord gehievt werden, staunen alle über ihre Größe. Die Krabbe ist ein Gigant, das stachelbewehrte Krustentier wiegt bis zu zehn Kilogramm und hat eine Spannweite von bis zu zwei Metern. Das Fleisch der Krabbenbeine schmeckt vorzüglich und wird von Gourmets in aller Welt geschätzt.

Angefangen hat alles mit dem russischen Plan, Kamtschatkakrabben aus dem nördlichen Pazifik als zusätzliche Eiweißlieferanten in den Gewässern um Murmansk anzusiedeln. Das Vorhaben glückte, die Tiere vermehrten sich dank

fehlender Fressfeinde prächtig. Denn ein einziges Königskrabbenweibchen kann rund 10 000 Nachkommen in die Welt setzen. Die begaben sich auf Wanderschaft entlang der norwegischen Küste. Auch die norwegischen Fischer freuten sich über das lukrative Geschäft mit den Neuankömmlingen. Bis Umweltschützer feststellten, dass die »Monsterkrabben« in kürzester Zeit den Meeresboden kahl fressen und in eine Wüste verwandeln. Die Krabben stört es nicht, sie ziehen einfach weiter entlang der Küste nach Süden. Mittlerweile sind sie bei den Lofoten angekommen. Wer sie fängt und verkauft, tut also Gutes und kann auch noch Geld damit verdienen.

Erfolgsgeschichte Hurtigruten

MIT DEM POSTSCHIFF
DIE KÜSTE ENTLANG

*Zwölf Tage, rund 5000 Kilometer, 34 Häfen und mehr als 100 Fjorde
zwischen Bergen und Kirkenes – das sind die Hurtigruten.
Seit 1893 verkehren die berühmten Postschiffe im verlässlichen
Liniendienst entlang der grandiosen Fjordküste Norwegens.*

Hurtigruten der neuen Zeit: die »Nordkapp«
im Hafen von Brønnøysund

Noch im 19. Jahrhundert waren die Seekarten von Norwegens Küste ungenau. Nur wenige Leuchttürme wiesen den Weg, tückische Riffe, schmale Sunde und Fjorde sowie ein unübersichtliches Gewirr aus kleinen Inseln und Schären machten den Seeweg gefährlich. Doch um den Norden des Landes besser an den Süden anzubinden, war eine sichere Handelsroute unverzichtbar.

Der Schiffsberater August Kriegsmann Gran war der Erste, der die Idee einer regulären und schnellen Schiffsverbindung zum Transport von Post und Waren zwischen Trondheim und Hammerfest hatte. In dem Kaufmann und Kapitän Richard With fand er einen Gleichgesinnten. Gran und With, der auch Direktor der Schifffahrtsgesellschaft Vesteraalens Dampskibsselskap war, vereinbarten, dass Withs Schiffslinie im Sommer wöchentliche Fahrten zwischen Trondheim und Hammerfest und im Winter zwischen Trondheim und Tromsø durchführen sollte.

Also machte sich Richard With mit seinem Lotsen Anders Holte an das Kartografieren der Gewässer. In akribischer Kleinarbeit zeichneten sie jeden Felsen und jede Untiefe vor und an der zerklüfteten Küste in ihre Karten ein. So waren sie für die Herbststürme und die dunkle Jahreszeit gerüstet. An einem Sonntag, dem 2. Juli 1893, war es dann so weit: Um 8.30 Uhr legte das Dampfschiff »Vesterålen« in Trondheim ab und nahm erstmals Kurs auf Hammerfest. Dort kam es 67 Stunden später pünktlich an – die Hurtigruten waren geboren.

Der Fortschritt war gewaltig. Bisher war die Post von Trondheim nach Hammerfest im Winter oft monatelang unterwegs, jetzt nur noch wenige Tage. Schnell wurde die Route zur Lebensader für die Küstenbevölkerung, denn neben der Post konnten nun auch im Winter Nahrungsmittel und Dinge des täglichen Bedarfs in kleine Orte geliefert werden. Und was genauso wichtig war: Die Bewohner der Küste konnten reisen und hatten nicht mehr das Gefühl, völlig vom Süden abgeschnitten zu sein. Kein Wunder, dass die Hurtigruten auch Reichsstraße 1 genannt wurden.

Abschied: Die »Lofoten«
hat ihre letzte Fahrt
im Dezember 2020
absolviert.

Minikreuzfahrt mit der »Nordkapp«
(oben); Vorbereitungen für das
Abendessen auf der »Finnmarken«
(Mitte); Allwetter-Panoramablick von
der »Polarlys« (unten)

Informationen

Weitere **Hurtigruten-Informationen, Buchungen**
und **Katalogbestellungen** telefonisch oder online unter
Tel. 040 87 40 88 55 bzw. www.hurtigruten.de

Später wurde Bergen zum südlichsten Hafen, während Kirkenes bis heute den nördlichen Wendepunkt der Hurtigruten markiert. Seit 1936 gibt es, nur unterbrochen vom Zweiten Weltkrieg, tägliche Abfahrten zwischen Bergen und Kirkenes.

DIE SCHIFFSGENERATIONEN

Insgesamt rund 70 Schiffe waren in der Vergangenheit für Hurtigruten unterwegs. Bis heute unterscheiden sie sich in Alter und Größe und besitzen auch an Bord einen eigenen Stil. Gemeinsam haben sie den schwarz-rot-weiß lackierten Rumpf. Früher trugen fast alle Namen, die sich auf den Norden Norwegens bezogen. Ausnahmen waren die »Richard With«, genau 100 Jahre nach der ersten Hurtigruten-Fahrt in Dienst gestellt, und die »Kong Harald« mit dem Namen des norwegischen Königs. Die neuesten Schiffe, die hauptsächlich für Expeditionen eingesetzt werden, sind nach den Arktishelden Otto Sverdrup, Roald Amundsen und Fridtjof Nansen benannt.

Der Generationswechsel macht auch vor beliebten Oldtimern keinen Halt. So hat die Fangemeinde der seit 1964 eingesetzten »Lofoten« mit Trauer hinnehmen müssen, dass ihr vor allem wegen der nostalgischen Ausstattung und der familiären Atmosphäre an Bord geschätzter Liebling im Dezember 2020 seine letzte Dienstfahrt absolvierte. Mit ihr ist das letzte Schiff der Nachkriegsgeneration abgetreten. Ältestes Hurtigrutenschiff ist nun die im Jahr 1983 vom Stapel gelaufene »Vesterålen«. Sie und erst recht die Schiffe aus den 1990er-Jahren unterscheiden sich mit Platz für 600 Passagiere und mehr deutlich vom Oldtimer »Lofoten«, auf dem nur 400 Fahrgäste unterkamen.

Aktuell findet bei Hurtigruten ein sehr umfangreiches Nachhaltigkeits-Upgrade mehrerer Schiffe statt. Diese werden mit Hybridantrieben ausgestattet – emissionsarme Motoren und große Batteriepakete gehören ebenfalls dazu. Denn um dem Klimawandel zu begegnen, macht die Regierung Ernst: Ab dem Jahr 2026 dürfen in Norwegens schönsten Fjorden nur noch emissionsarme Schiffe fahren.

Auf der »Nordkapp«
ist von der einst eher
spartanischen Postschiff-
Atmosphäre nichts mehr
zu spüren.

VIELFALT JENSEITS DES POLARKREISES

Obwohl die Landschaft Troms nördlich des Polarkreises liegt, zeigt sie sich vielerorts grün und fruchtbar. Doch auch die schroffen Gipfel der Lyngsalpen und die ungezählten Fjorde und Schären vor der Küste prägen die Provinz. Tromsø wartet als junge, lebendige Stadt mit vielen Sehenswürdigkeiten auf.

❶ Harstad

Mit rund 21 000 Einw. ist Harstad neben Tromsø das größte Handelszentrum der Region. Bereits früh ein Siedlungsplatz, brachte im 19. Jh. der Fisch Wohlstand in den Ort. Der Tourismus spielt wegen der Lage abseits der Hauptrouten nur eine untergeordnete Rolle, wichtiger ist die Verarbeitung von Erdöl und Erdgas, die vor der Küste gefördert werden.

SEHENSWERT
Nördl. vom Stadtzentrum steht die steinerne **Trondenes kirke,** deren Ursprünge ins 13. Jh. zurückreichen. Einige Altarbilder im Innern stammen von dem Lübecker Bernt Notke.

MUSEEN
Ebenfalls am nördl. Stadtrand liegt das **Trondenes Historiske Senter,** das multimedial die Geschichte der letzten 1000 Jahre beleuchtet; Schwerpunkte bilden die Wikinger und das Mittelalter (Trondenes veien 122, https://stmu.no; Mitte Juni–Mitte Aug. tgl. 11.00–16.00, sonst Mo.–Fr. 11.00–15.00, Sa., So. 11.00–16.00 Uhr).

ERLEBEN
Das **Grottebadet** ist ein tropisches Freizeitbad mit sehenswerter Höhlenarchitektur (Håkons gate 7, https://grottebadet.no; Kernöffnungszeit tgl. 11.00–18.00 Uhr, teilw. länger). Mit dem 1868 erstmals zu Wasser gelassenen **Segelschiff Anna Rogde,** das am Kai vor dem Kulturhaus liegt, werden Rundfahrten auf dem Fjord unternommen (https://stmu.no).

VERANSTALTUNG
Im Juni wird das Kulturfestival **Festspillene i Nord-Norge** mit Jazzkonzerten, Filmvorführungen und einem Marathonlauf veranstaltet (http://festspillnn.no).

HOTEL
€€€ **Røkenes Gård og Gjestehus** nördl. von Harstad ist ein kleines Nostalgiehotel, in dem auch schon König Harald genächtigt hat (Stornesveien 127, 9402 Harstad, Tel. 77 05 84 44, http://roekenesgaard.no).

INFORMATION
Destination Harstad, Sjøgata 3, 9405 Harstad, Tel. 77 01 89 89, www.visitharstad.com

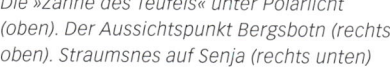
Die »Zähne des Teufels« unter Polarlicht (oben). Der Aussichtspunkt Bergsbotn (rechts oben). Straumsnes auf Senja (rechts unten)

❷ Senja

Die zweitgrößte Insel Norwegens hat wild gezackte Berge und tief eingeschnittene Fjorde zu bieten. Eine gut 100 km lange **Norwegische Landschaftsroute TOPZIEL** führt am Meer entlang zu allen landschaftlichen Höhepunkten. Landseitig zeigt sich Senja erstaunlich grün.

SEHENSWERT
Mitten im Øyfjord im Norden Senjas liegt malerisch die kleine Insel **Husøy,** deren Häuser sich dicht aneinanderdrängen. Besonders schöne Rastplätze und Aussichtspunkte gibt es bei Tungeneset und Ersfjord (beide westl. Senjehopen) sowie Bergsbotn (nördl. Straumsnes) im als »Zähne des Teufels« bekannten Norden der Insel. Die Sandstrände von Senja zählen zu den schönsten Nordnorwegens.

ERLEBEN
Im Nordwesten von Senja liegt der kleine, im Jahr 1970 gegründete **Ånderdalen Nationalpark.** Durch hohe Berge vor kalten Polarwinden geschützt, gedeihen hier Kiefern und Birken; dazwischen erstrecken sich Seen und Moore. Im Park gibt es nur wenige markierte Wanderwege und eine Hütte.

HOTEL
€€ **Hamn i Senja** ist eine Ferienanlage mit modernen Studios und Appartements direkt am Wasser in einem alten Fischerdorf (Hamnveien 1145, Skaland bei Berg, Tel. 40 02 00 05, www.hamnisenja.no).

INFORMATION
Turistinformasjon Senja, Tel. 93 02 23 33, www.visitsenja.no

❸ Tromsø

Das »Tor zum Eismeer« ist mit 41 400 Einw. die größte Stadt Nordnorwegens. Die Gemeinde hat in etwa die Größe des Saarlands. 1940 war Tromsø für kurze Zeit Hauptstadt des noch nicht vollständig von den Deutschen besetzten Norwegens. Den Krieg überstand sie – als einzige in Nordnorwegen – mit vergleichsweise geringen Schäden. Deshalb gibt es vor allem in der Storgata, Sjøgata, Skippergata, Grønnegata und Strandgata noch einige alte Holzhäuser. Der Bauboom ab den 1960er-Jahren in Folge der

Gründung von Universität und Forschungseinrichtungen machte Tromsø jedoch zu einer überwiegend modernen Stadt. Das durch eine gut 1 km lange Brücke mit dem Festland verbundene Zentrum liegt auf der bereits früh besiedelten Insel Tromsøy. Hier stand schon im 13. Jh. eine Kirche. Außerhalb Norwegens bekannt wurde Tromsø im 19. Jh. als Ausgangspunkt von Arktis-Expeditionen.

SEHENSWERT

Wahrzeichen Tromsøs ist die moderne, 1965 eingeweihte **Ishavskatedralen**, die eigentlich Tromsdalen kirke heißt. Im Sommer finden in der Kirche häufig Konzerte statt (Hans Nilsens vei 41, www.ishavskatedralen.no; Juni–Mitte Aug. 9.00–18.00, So. ab 13.00 Uhr, sonst kürzer; Orgelkonzert Juni und Juli Di.–So. 14.00 Uhr). Im **Nordlichtplanetarium** des Wissenschaftszentrums kann man die unterschiedlichsten Himmelsphänomene sowie in einer Lichtshow das Nordlicht erleben (Hansine Hansens veg 17, https://nordnorsk.vitensenter.no; tgl. 10.00 bis 17.00 Uhr). Südwestl. der Schiffsanlegestelle steht die **Domkirche**, ein neugotischer Holzbau von 1861 mit schönen Glasmalereien.

MUSEEN

Das **Polarmuseum** ist als Teil der Universitätsmuseen in der früheren Zollstation (1833) untergebracht und informiert über Polarexpeditionen und Fischfang; umgeben ist es von historischen Speicherhäusern. Im Aquarium schwimmen Bartrobben (Søndre Tollbugate 11, https://uit.no/tmu/polarmuseet; tgl. 9.00 bis 17.00 Uhr). Das **Norges Arkiske Universitetsmuseum TOPZIEL** an der Südspitze der Stadtinsel zeigt Ausstellungen zur samischen Kultur und Geschichte sowie zur Volksmusik Lapplands (Lars Thørings veg 10, www.uit.no/tmu; Mitte Juni–Mitte Aug. Mo.–Fr. 10.00–18.00, Sa., So. 11.00–17.00, sonst Mo.–Fr. 10.00 bis 16.30, Sa. 12.00–15.00, So. 11.00–16.00 Uhr). Kunst und Kunsthandwerk vom frühen 19. Jh. bis zur Gegenwart, vor allem aus Nordnorwegen, präsentiert das **Nordnorsk Kunst-**

Schnabelwalskelett im Arktismuseum von Tromsø (oben links); Glasfenster im Chor der Eismeerkathedrale (oben rechts)

museum (Sjøgata 1, www.nnkm.no; tgl. 10.00 bis 17.00, Do. bis 20.00 Uhr).

ERLEBEN

Im arktischen Erlebniszentrum **Polaria** ist alles über die Polarregion und die Barentssee zu erfahren. Die Architektur des Gebäudes erinnert an zusammengeschobene Eisschollen (Hjalmar Johansens gate 12, https://polaria.no; Juni–Aug. tgl. 10.00–17.00, sonst bis 16.00 Uhr). Winteraktivitäten zur Samikultur, auch Begleitung der **Rentierwanderung** im Frühjahr, bietet Tromsø Lapland (www.tromsolapland.no). Die Seilbahn Fjellheisen führt in wenigen Minuten auf Tromsøs Hausberg, den 420 m hohen **Storsteinen**. In der Fjellstua – mit Terrasse – werden tagsüber Kaffee und kleine Gerichte serviert, am Abend Essen à la carte (Sollivegen 12, www.fjellheisen.no; im Sommer 9.00–1.30 Uhr, sonst kürzer).

VERANSTALTUNGEN

Ende Jan. findet das **Nordlichtfestival** mit zahlreichen Konzerten statt (www.nordlys festivalen.no). Ebenfalls im Jan. trifft man sich zum **Internationalen Filmfest** (www.tiff.no). Im Aug. geht das **Tromsø Jazzfestival** über die Bühne (www.tromsojazzfestival.no).

NACHTLEBEN

Tromsø ist vor allem im Sommer für sein studentisch geprägtes Nachtleben bekannt. **Rorbua**, ein Pub im Stil einer Fischerhütte mit großer Bier- und Weinauswahl, befindet sich im »Radisson Blue Hotel« (Sjøgata 7). Das **Ølhallen**, der Pub der Mack-Brauerei, ist eine Institution (Storgata 5, www.olhallen.no; Mo.–Do. 12.00–0.30, Fr., Sa. 12.00–1.30, So. 14.00–19.30 Uhr). Das wahrscheinlich nördlichste Rock-'n'-Roll-Café der Welt ist das **Blårock Café** (Strandgata 14/16).

HOTEL UND RESTAURANT

Das €€€ **Scandic Ishavshotel** ist ein Komforthotel in zentraler Lage; aus fast jedem der Zimmer geht ein schöner Blick über den Hafen (Fredrik Langes gate 2, 9008 Tromsø, Tel. 77 66 64 00, www.scandichotels.com). Drei Restaurants unter einem Dach: Das €€€ **Arctandria Sjømat Restaurant** ist ein erstklassiges Fischrestaurant, im €€€/ €€ **Skarvens Biffhus** gibt es Steaks in allen Variationen und im €€/€ **Vertshuset Skarven** exotische Snacks (Strandtorget 1, Tel. 77 60 07 20, www.skarven.no).

INFORMATION

Visit Tromsø, Samuel Arnesensgate 5, 9008 Tromsø, Tel. 77 61 00 00, www.visittromso.no

❹ Lyngenfjord

Die Halbinsel Lyngen erstreckt sich zwischen Lyngenfjord und Ullsfjord weit ins Meer. Steile Berge, von denen der Jiekkevarre (1834 m) der höchste ist, reichen bis ans Meer, einige Gipfelregionen sind vergletschert.

ERLEBEN

Von dem kleinen Ort **Oteren** fährt man auf der Europastraße 6 bis kurz vor Storslet gut 100 km am Lyngenfjord entlang und genießt Panoramablicke auf die wilde Bergwelt. Wer von Olderdalen die Fähre nach **Lyngseidet** nimmt, kann die Halbinsel Lyngen durchqueren oder sie auf der Küstenstraße erkunden.

VERANSTALTUNG

Jeden Juli strömen mehrere Tausend Besucher in den winzigen Ort Manndalen, um beim **Riddu Riđđu Festival** indigener Musik aus aller Welt zu lauschen (riddu.no/nb).

UMGEBUNG

Ein Abstecher von der E 6 bei Langfjordbotn führt über die RV 882 zum Dorf **Øksfjord**. Von hier kann man einen hervorragenden Blick auf den 43 km² großen Gletscher Øksfjordjøkel auf der anderen Fjordseite werfen.

DIE TÄLER UND FJORDE NORWEGENS SIND ZEUGNISSE DER EISMASSEN, DIE VOR MEHR ALS 13 000 JAHREN DAS LAND BEDECKTEN.

Tipp

Mit dem Kajak durch die Inselwelt

Die Insel Rebbenesøy, rund 100 km nördlich von Tromsø, liegt inmitten einer fast menschenleeren Inselwelt und eignet sich hervorragend für Outdooraktivitäten. Das ganze Jahr über bietet das Elements Arctic Camp Übernachtungen in Jurten und Kajaktouren an. Ein unvergesslich Erlebnis ist es, in einer stockfinsteren arktischen Nacht den Sternenhimmel und die Polarlichter vom Wasser aus zu beobachten.

INFORMATION
Elements Arctic Camp, Vargsundet, 9140 Rebbenes, Tel. 90 78 96 99, http://elementsarcticcamp.com

INFORMATION
Visit Lyngenfjord, Nordkalottsenteret, Johan Beck-veien 23, 9143 Skibotn, Tel. 77 21 08 50, https://saraelv.com

❺ Reisadal

Im Laufe von Jahrtausenden hat sich der Reisaelv tief ins Hochplateau der Finnmarksvidda eingeschnitten und das nach ihm benannte Tal gebildet; ein 806 km² großes, mit Wäldern, Schluchten und Wasserfällen bedecktes Areal ist heute als Nationalpark geschützt. Den einfachsten Zugang ermöglicht die RV 856 bis Bilto und Saraelv. Von hier geht es dann weiter, entweder mit einem der typischen Flussboote oder zu Fuß. Am Ende der Straße steht das Besucherzentrum des Nationalparks, in dem man auch übernachten kann (Buchung in Storslett im Halti-Informationszentrum).

ERLEBEN
Touren mit Langbooten und einen **Kanuverleih** bietet das Saraelv Villmarkssenter (Tel. 93 03 83 84, https://saraelv.com).

INFORMATION
Halti Nasjonalparksenter, Hovedveien 2, 9151 Storslett, Tel. 77 58 82 50, https://reisa nasjonalpark.no/halti-nasjonalparksenter

ZU GAST BEI TRASTI UND TRINE

Auf dem Weg zum Nordkap ist der kurze Abstecher von Alta und den Felsritzungen bei Hjemmeluft zu Trine und Trasti eigentlich Pflicht. Die beiden haben sich mitten in der nordnorwegischen Wildnis in unmittelbarer Nähe des Alta-Flusses ihren Lebenstraum erfüllt und bieten Gästen das ganze Jahr über Außergewöhnliches. Trine Lyrek ist in Alta aufgewachsen, hat dann aber mehrere Jahre in Alaska gelebt und an den längsten und schwierigsten Hunderennen teilgenommen, beispielsweise am Iditarod. Wieder zurück in Alta war klar, dass sie weiter mit ihren Schlittenhunden arbeiten wollte. Seitdem nimmt sie Gäste mit auf Huskytouren, vom kurzen Schnupperkurs bis zu mehrtägigen Ausflügen in die einsame Finnmark. Außerdem werden im Winter auch Touren auf Ski angeboten, während die Landschaft im Sommer zu Fuß oder mit dem Fahrrad erkundet werden kann.

Nach einer Hundeschlittentour in der Eiseskälte gibt es nichts Schöneres, als sich am warmen Kaminfeuer aufzuwärmen.

Johnny Trasti ist seit mehr als 30 Jahren Koch aus Leidenschaft und wurde 2009 als »Küchenchef des Jahres« ausgezeichnet. Regionale und saisonale Waren höchster Qualität veredelt er nach nordnorwegischen Traditionsrezepten zu mehrgängigen Menüs. Sein Anspruch geht dabei weit über den Modebegriff »Bio« hinaus. Die Kreationen kann man stilvoll in einer samischen Gamme genießen, in der Johnny die Speisen über dem offenen Feuer zubereitet, Fleisch räuchert und Brot im Holzofen backt. Angeboten werden nur selbst hergestellte Produkte.

Gäste können auf dem Hof auch übernachten, im Haupthaus, in einem historischen Fischerhof oder in einer gemütlichen Hütte in unmittelbarer Nähe der 40 Huskys.

Trasti & Trine: Gargiaveien 29, 9518 Alta, Tel. 78 40 30 40, https://trastiogtrine.no

Das **Drei-Gänge-Menü** in Johnny Trastis Gamme wird von Juni bis Oktober angeboten, eine Reservierung ist über die Website möglich.

Finnmark

*

SÁPMI — DAS LAND DER SAMEN

*

Weite und Einsamkeit, Polarnacht und Mitternachtssonne, eisige Winter und Sommer voller Mücken sind die Pole der Finnmark. Die oft winzigen Orte an der Eismeerküste leben vom Fischfang, die Samen von der Rentierzucht. Die meisten Besucher kommen allerdings nur, um einmal am vermeintlich nördlichsten Punkt Europas zu stehen: dem Nordkap.

Nur noch das Geschirr anlegen, und schon geht die Fahrt mit dem Rentierschlitten los.

Der Hafen von Honningsvåg auf der Insel Magerøy (oben) ist ein Anlaufpunkt der Hurtigruten, deren »Kong Harald« hier festgemacht hat (unten). Die Touristen zieht es magisch auf das Felsplateau des Nordkaps zum stählernen Globus, dem Symbol der Nordspitze (linke Seite).

N ach dem weiten Weg durch den zunehmend dünner besiedelten Norden Norwegens treffen sich PKW, Motorräder und Wohnmobile auf dem riesigen Parkplatz am »Ende der Welt«. Ein paar Schritte noch, dann sind die magischen Zahlen 71° 10' 21" an der Wand der Nordkaphalle zu sehen. Nachdem man den happigen Eintritt für den nördlichsten und größten Souvenirshop Norwegens entrichtet hat, steht man dann wirklich am Nordkap unter der Weltkugel, vor der schon Millionen Selfies geknipst wurden. Wer zu den Glücklichen gehört, die das Nordkap bei schönem Wetter erreichen, blickt von dem 300 Meter hohen Felsen auf das Eismeer und versucht sich vorzustellen, dass es von hier nur noch 2100 Kilometer bis zum Nordpol sind. Beim Blick gen Westen ist auch der wirklich nördlichste Punkt von Magerøy zu sehen, die flach auslaufende Bergkette Knivskjellodden.

»HIER STEHE ICH AM NORDKAP — AM ÄUSSERSTEN RAND DER ZIVILISATION — UND KANN SAGEN, DASS MEIN WISSENSDURST BEFRIEDIGT IST. JETZT REISE ICH ZUFRIEDEN NACH HAUSE — SO GOTT WILL.«

Francesco Negri, 1664 erster Nordkap-Tourist

DIE ERSTEN NORDKAP-TOURISTEN

Als es die Straße zum Nordkap noch nicht gab, war die Anreise über Land anstrengend und zeitaufwendig. Die meisten kamen deshalb mit dem Schiff und wurden in der Hornvika-Bucht an Land gesetzt. 1845 begannen die ersten Dampfschifftouren von Hammerfest aus, das erste Kreuzfahrtschiff kam 1882, und ab 1893 liefen die Hurtigruten-Postschiffe die Hornvika-Bucht an. Dort eröffneten Einheimische das »Café Nordkap« und

Zum Alta-Museum gehören diese jungsteinzeitlichen und bronzezeitlichen Felsritzungen.

verkauften Souvenirs, ab 1897 gab es ein kleines Postamt. Für die Bewohner des nahen Fischerdorfes Skarsvåg war dies eine gute Einnahmequelle.

Von der Anlegestelle mussten alle Besucher auf einem schmalen, steilen Pfad zum Nordkap-Plateau hinauf. Selbst Oskar II., König der norwegisch-schwedischen Union, nahm bei seinem Besuch 1873 mit seinem Gefolge diesen beschwerlichen Weg. Nach Fertigstellung der Straße zum Nordkap verfielen die Gebäude in der Hornvika-Bucht immer mehr, bis eine Lawine sie komplett zerstörte. Vor einigen Jahren hat Jonathan Dillon zwei der Gebäude instand gesetzt, bringt wieder Touristen zur Bucht und führt sie auf dem steilen Zickzackweg bis auf das Plateau. »Ich möchte zeigen, wie es früher war, zum Nordkap zu kommen.« Eine kleine Ausstellung im ehemaligen Postamt hilft dabei – auf Schwarz-Weiß-Fotos ist auch zu sehen, wie einst das »Café Nordkap« ausgesehen hat. Die Frauen aus Skarsvåg servierten Kaffee, während die Männer die feinen Herrschaften den Berg hinauftrugen.

DIE EISMEERROUTE

Von Varangerbotn bis Vadsø führt die Küstenstraße noch durch eine relativ fruchtbare Landschaft. Verstreute Bauernhöfe und Kühe auf saftigen Weiden

Special

Hexenverfolgung

Hexen am Ende der Welt

Hexenverfolgungen gab es in ganz Europa, selbst in der Finnmark forderten die Hexenprozesse des 17. Jahrhunderts 91 Opfer. In Anbetracht der geringen Bevölkerungszahl eine erschreckende Bilanz.

Das Steilneset-Mahnmal in Vardø, ein Gemeinschaftsprojekt der französisch-amerikanischen Bildhauerin Louise Bourgeois und des Schweizer Architekten Peter Zumthor auf dem damaligen Hinrichtungsplatz, erinnert an diese dunkle Epoche.

Das Mahnmal besteht aus einer 120 Meter langen Gedenkhalle von Peter Zumthor, in der 91 Glühbirnen und ebenso viele Biografien an jedes Opfer erinnern. Einige Meter entfernt steht ein rußiger Glaskubus, in dem unter der Sitzfläche eines stählernen Stuhles eine ewige Gasflamme lodert. Sieben ovale Spiegel verzerren das Bild des Betrachters und symbolisieren so die von Schmerz gepeinigten Gesichter der Menschen auf dem Scheiterhaufen. Genannt hat Bourgois ihre Installation »Die Verdammten, die Besessenen, die Geliebten«. Die Künstler haben sich für ihr Mahnmal einen perfekten Ort ausgesucht, denn es thront weithin sichtbar auf einer kahlen Klippe am Meer, Wind und Wetter schutzlos ausgesetzt. Im Innern der luftigen Gedenkhalle hört man den Sturm heulen, und mit einbrechender Dämmerung verwandelt die Beleuchtung Steilneset endgültig in einen mystischen Ort der Erinnerung.

Ohne Eisbär geht es nicht in Hammerfests Eisbärenclub: Die Ausstellung informiert über die Geschichte der Stadt, das Eismeer und den Fischfang.

Der Leuchtturm auf der Mole des Hafens von Vardø ist auch nach der Einführung der digitalen Navigation ein wichtiger Orientierungspunkt im äußersten Osten Norwegens

Modernste Architektur in der Finnmark: Altas Nordlichtkathedrale ist außen mit Titan verkleidet.

Ein typisches Dorf des norwegischen Nordens auf der Varanger-Halbinsel: Skallelv zwischen Vadsø und Vardø

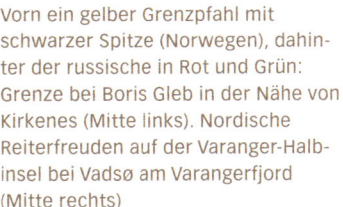

Vorn ein gelber Grenzpfahl mit schwarzer Spitze (Norwegen), dahinter der russische in Rot und Grün: Grenze bei Boris Gleb in der Nähe von Kirkenes (Mitte links). Nordische Reiterfreuden auf der Varanger-Halbinsel bei Vadsø am Varangerfjord (Mitte rechts)

An der Mole in Vardøs Hafen: Auch am Eismeer warten Kormorane auf ihre Chance.

Die Nesseby-Kirche von 1858 auf einer kleinen Halbinsel im Varangerfjord:
Die Christianisierung der Samen war Teil der Einbindung der Urbevölkerung
in den vom Süden aus regierten norwegischen Staat.

lassen den 70. Breitengrad vergessen. Jenseits von Vadsø wird die Küste dann karger, statt Kühen sieht man fast nur noch Schafe. Ab Vardø fährt man dann entlang einer unwirtlichen Eismeerküste.

Der Stadt sind harte Zeiten anzusehen, Häuser stehen leer, fast alle könnten einen neuen Anstrich vertragen. Nur die bunten, aber auch schon abblätternden Fassadenmalereien sorgen für ein paar Farbtupfer.

Innerhalb von 20 Jahren ist rund die Hälfte der Bewohner weggezogen, weil die Fischindustrie dramatisch eingebrochen ist. Dabei war Vardø wegen der Nähe zu Russland schon immer von strategischer Bedeutung – die nördlichste Festung Norwegens berichtet von diesen Zeiten. Relikte aus der Zeit des Kalten Kriegs sind die weißen Kuppeln, unter denen sich ein Frühwarnsystem der NATO verbirgt und mit dem auch heute noch gen Osten gelauscht wird.

Entlang der gesamten Küste lohnt es, nach Zugvögeln Ausschau zu halten. Beste Beobachtungsmöglichkeiten bietet die kleine Insel Hornøy vor Vardø, denn in ihren steilen Felsabbrüchen brüten während des kurzen arktischen Sommers mehr als 100 000 Seevögel.

IM LAND DER SAMEN

Sápmi oder Same-Ätnan nennt das indigene Volk der Samen sein Siedlungsgebiet, das staatenübergreifend im Norden Norwegens, Schwedens, Finnlands und Russlands liegt. Vor rund 4000 Jahren sind ihre Vorfahren eingewandert. Aktuelle Schätzungen gehen von insgesamt 60 000 Samen aus, von denen die Mehrzahl in Norwegen lebt. Seit den späten 1980er-Jahren haben die Samen eine gemeinsame Flagge.

Bis vor wenigen Jahren teilten sie das Schicksal vieler Minderheiten auf dieser Welt und sahen sich einem enormen Anpassungsdruck ausgesetzt. Ihre Religion war ebenso verboten wie ihre Literatur und die eigentümliche Vokalmusik, der Joik. In der Schule durfte nicht Samisch gesprochen werden, Land besitzen konnte nur derjenige, der Norwegisch sprach. Kurzum, als Same hatte man nur Nachteile.

Die Kultur der Sami entdecken: Touristen sind in einem Rentierschlitten unterwegs.

NUR NOCH FOTOMOTIVE?

Entlang der Hauptverkehrsrouten Richtung Norden sind immer wieder Samen zu sehen, die sich in bunten Trachten und mit ein oder zwei Rentieren Touristen als Fotomotive zur Verfügung stellen – oft allerdings nur gegen Bezahlung. Dabei leben die meisten heute in festen Häusern statt in Zelten, nur noch wenige betreiben die Rentierzucht als Hauptberuf, und längst sind Schneescooter wichtiger als Rentierschlitten.

Auch in Karasjok und Kautokeino sind im Sommer nur noch selten Samen in ihrer Tracht unterwegs. Allein die Holzverschläge zur Rentierscheidung deuten darauf hin, dass hier weiterhin Rentierzucht betrieben wird. Den Sommer verbringen die Tiere auf küstennahen Weiden, nur im Frühjahr und Herbst werden sie zusammengetrieben, gezählt, markiert und geschlachtet.

Im Sápmi Park und im Riddo-Duottar-Museum, beide in Karasjok, erfährt man, wie die Samen früher als Nomaden und Rentierzüchter gelebt haben. Im Sameting, dem Samischen Parlament, ebenfalls in Karasjok, geht es dagegen um die Gegenwart und Zukunft. Das für vier Jahre direkt gewählte Sameting trifft sich seit 1989 viermal im Jahr zur Vollversammlung in einem architektonisch bemerkenswerten Parlamentsgebäude,

wobei die Mitglieder dann ihre bunten Trachten tragen. Ihr gemeinsames politisches Anliegen haben sie 1980 in Tromsø verabschiedet: »Wir Samen sind ein Volk, dessen Zusammengehörigkeit nicht durch Staatsgrenzen gespalten werden soll. Wir haben unsere eigene Geschichte, unsere Traditionen, eigene Kultur und unsere eigene Sprache. Von unseren Vorfahren haben wir das Recht auf Land und Wasser und unsere eigenen wirtschaftlichen Aktivitäten erworben. Es ist unser unveräußerliches Recht, unsere eigenen wirtschaftlichen Aktivitäten und unsere Gemeinschaften

DASS DIE SAMEN DIE »ERSTGEBORENEN« IM NORDEN WAREN, WURDE IN DEN HAUPTSTÄDTEN SKANDINAVIENS LANGE IGNORIERT ...

in Übereinstimmung mit unseren Lebensbedingungen zu bewahren und zu entwickeln, und wir werden gemeinsam unsere Territorien, unsere Naturreichtümer und unser nationales Erbe für kommende Generationen bewahren.«

DER PIPPI-STEIN

Beim Pflügen seines Kartoffelackers bei Inestoften am Westufer des Altafjordes entdeckte Fredrik Falsen 1950 einen Stein, auf dem eine rund 50 Zentimeter große Figur eingeritzt war, die verblüffende Ähnlichkeit mit Astrid Lindgrens Pippi Langstrumpf hatte. Schnell war klar, dass es sich nicht um ein modernes Graffito, sondern um eine Felsritzung aus der Steinzeit handelte. Viele Jahre wurde der Pippi-Stein im Tromsø-Museum ausgestellt, bis er 2008 ins Alta-Museum in Hjemmeluft kam. Denn in der Zwischenzeit hatte man hier mehrere Tausend Felsritzungen gefunden und Besuchern in einem modernen Museum zugänglich gemacht.

Die ältesten der sogenannten Helleristninger entstanden vor rund 7000, die jüngsten vor 2000 Jahren. Sie zeigen Menschen, Rentiere, Elche, Bären und Fische, Boote, Waffen, Jagdszenen und diverse geometrische Muster. Heute sind viele der nur wenige Millimeter in den Fels geritzten Motive rot ausgemalt, um sie besser zu erkennen. Ob sie auch früher farbig waren, ist nicht bekannt. Auch ob sie Ausdruck einer frühen Religion sind, mythische oder rituelle Handlungen zeigen. Wir wissen es nicht und werden es wohl auch nie erfahren, denn schriftliche Aufzeichnungen existieren nicht.

Kjøllefjord ist ein Hurtigruten-Hafen
auf der Nordkinn-Halbinsel; Ausflüge
führen zu den Samen im Camp
Davvi Siida.

Ellinor Utsi erklärt im Camp Davvi
Siida die Bedeutung und Nutzung
einer Schamanentrommel.

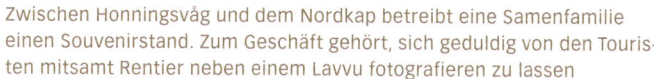

Zwischen Honningsvåg und dem Nordkap betreibt eine Samenfamilie
einen Souvenirstand. Zum Geschäft gehört, sich geduldig von den Touristen mitsamt Rentier neben einem Lavvu fotografieren zu lassen

Die schönsten Aussichtspunkte

DER BLICK IN DIE FERNE

Die Weite Norwegens erschließt sich am besten aus der Vogelperspektive. Auch beim Blick auf Trondheim, Tromsø, Narvik oder Bodø spielen nicht nur die Städte die Hauptrolle, auch die sie umgebende Natur beeindruckt – sind sie doch in weite Wälder eingebettet oder von schroffen Bergen umgeben. Und dann gibt es noch die Mitternachtssonne und die Polarlichter …

❶ Festung Kristiansten

Hoch über Trondheim thront Kristiansten. Erbaut nach dem großen Stadtbrand von 1681 nach Plänen von Johan Caspar von Cicignon und Anthony Coucheron sollte sie die Stadt vor dem Einfall schwedischer Truppen schützen. Bis heute bildet ein weißer vierstöckiger Turm mit Schießscharten den markantesten Teil des Bauwerkes. Wer mit dem Rad zur Festung möchte, kann auf dem steilen Weg von Bakklandet als Aufstiegshilfe nutzen.

❷ Moskenstraumen

Am südlichen Ende der Europastraße 10 liegt der Ort Å, ein in Gänze bewohntes Freilichtmuseum. Ab dem großen Parkplatz in der Nähe des Ortes geht es für Autos nicht mehr weiter. In wenigen Minuten erreicht man von dort aber zu Fuß Lands End der Lofoten. Es ist zwar noch nicht der südlichste Punkt der Inselkette, doch durch die schroffen Berge und entlang der Steilküsten führt kein Weg. Von dem Plateau hat man einen guten Blick auf den Moskenstraumen, dessen Strudel schon Jules Verne und Edgar Allan Poe zu gruseligen Geschichten inspiriert hat. Angler versuchen ihr Glück in dem Gezeitenstrom, Seevögel untermalen die Szene mit ihrem Gezeter. Am Horizont sind schemenhaft Mosken und Værøy zu erkennen.

❸ Fagernesfjell

Nur wenige norwegische Städte haben so hohe Berge in der Nachbarschaft wie Narvik. Nicht einmal einen Kilometer entfernt liegt die Talstation der Gondelbahn, die Wanderer und Skiläufer in wenigen Minuten auf das 670 m hohe Fagernesfjell bringt. Wer gut zu Fuß ist, kann vom Parkplatz den Wanderweg zur Bergstation nehmen und weiter nach Mørkholla und Tredjetoppen gehen. Für Skifahrer erschließen mehrere Schlepplifte das Gebiet, einige Abfahrten führen fast bis hinunter zum Meer. Sommers wie winters reicht der Blick von der Terrasse des Restaurants idealerweise bis zur Lofotenwand.

Narvikfjellet, Skistuaveien 7, 8505 Narvik, www.narvikfjellet.no

❹ Storsteinen

Die Insellage Tromsøs offenbart sich erst aus der Vogelperspektive. Die beste Möglichkeit dazu bietet eine Fahrt mit der Kabinenbahn Fjellheisen auf den 420 m hohen Hausberg Storsteinen. Von der Bergstation oder dem »Restaurant Fjellstua« sieht man, dass die Insel Tromsøy mit dem Zentrum der Stadt zwischen dem Festland und der größeren Insel Kvaløy liegt. Die Brücke vom Festland nach Tromsøy ist vom Storsteinen ebenso zu sehen wie die Eismeerkathedrale. Im Sommer ist Storsteinen der beste Platz, um die Mitternachtssonne zu beobachten, im Winter bietet die beleuchtete Stadt eine passende Kulisse für spektakuläre Polarlichter.

Storsteinen, Informationen auf https://fjellheisen.no

Map labels:

Europäisches Nordmeer
Nordkap
Nordkap
Hammerfest
Vesterålen
Lofoten
Tromsø
Murmansk
Narvik
NORWEGEN
Bodø
RUSSLAND
SCHWEDEN
Bottnischer Meerbusen
Trondheim
FINNLAND

⑤ Salen

Hammerfests Aussichtsberg Salen ist zwar nur 80 m hoch, bietet aber trotzdem einen eindrucksvollen Blick auf Stadt, Sund und die Nachbarinseln Sørøy und Seiland. Salen ist über verschiedene Wege zu erreichen: mit dem Auto in wenigen Minuten über den Turistveien und zu Fuß in rund einer Viertelstunde vom Zentrum über den Zickzack-Weg (Sikksakkveien). Wenn nicht gerade geschlossene Gesellschaften die Turistua auf dem Varden in Beschlag nehmen, kann man sich in dem Restaurant gut stärken.

⑥ Rønvikfjell

Auf das Rønvikfjell (150 m), eines der beliebtesten Ausflugsziele Bodøs, gelangt man bequem auf einer gut ausgebauten Straße. Schon vom Parkplatz bietet sich ein schöner Blick bis zur Lofotenwand, besonders eindrucksvoll zur Zeit der Mitternachtssonne. Hier lassen sich häufig Seeadler beobachten, die über der Stadt kreisen. Ein gut zu begehender Wanderweg, teilweise über angelegte Steinstufen, führt vom Rønvikfjell auf den 366 m hohen Keiservarden. Seinen Namen erhielt der Gipfel nach dem deutschen

Kaiser Wilhelm II., der ihn angeblich 1889 während einer seiner zahlreichen Norwegenbesuche bestiegen haben soll. Auch ohne kaiserliche Wertschätzung lohnt der Aufstieg, denn von dem Plateau bietet sich ein Blick in alle Himmelsrichtungen. Ein ganz besonderes Erlebnis sind die Konzerte, die hier Anfang August im Rahmen der alljährlichen Nordland-Musikfestspiele stattfinden.

Nordland Musikkfestuke, https://musikkfestuka.no

⑦ De syv søstre

Die Qual der Wahl hat man bei den sieben Schönheiten auf der Insel Alstenøya. Es gibt markierte Wanderwege zu allen Gipfeln der Sieben Schwestern und damit zu ebenso vielen Aussichtspunkten zwischen 910 und 1072 m. Der Aufstieg wird in jedem Fall mit herrlichen Blicken auf die Inselwelt rund um Sandnessjøen belohnt. Als Vorbereitung hält das dortige Turistkontor Routenkarten bereit.

Sandnessjøen Turistkontor, Torolv Kveldulvsonsgate 35, 8800 Sandnessjøen, Tel. 75 01 80 00, http://visithelgeland.com

⑧ Lyngenalpen

Wie ein mächtiger Keil ragt die Halbinsel mit den Lyngenalpen zwischen Ulls- und Lyngenfjord ins Meer. Von Oteren im Süden bis Rotsund im Norden führt die Europastraße 6 mehr als 100 km am Ostufer des Lyngenfjords entlang und bietet herrliche Ausblicke auf eine unerschlossene Bergwelt am anderen Fjordufer. Von Meeresniveau steigen die Berge bis zu einer Höhe von 1800 m auf, einige von ihnen sind bis in den Sommer hinein mit Schnee bedeckt. Ab Hatteng lässt sich ein Abstecher ins Signaldal machen und einen Blick auf den 1354 m hohen Otertind werfen, der wegen seiner markanten Form auch das Matterhorn Norwegens genannt wird.

DIE WEITE DER FINNMARK

Winzige Küstensiedlungen und eine fast menschenleere Finnmarksvidda prägen Norwegens nördlichste Provinz. Im Grenzland treffen vier Kulturen aufeinander: die norwegische, finnische, samische und russische. Doch das wichtigste touristische Ziel ist für die meisten Reisenden der Nordkapfelsen.

① Alta

Alta (11 500 Einw.) ist die größte Stadt der Finnmark und wurde 1704 von eingewanderten Finnen gegründet. Heute dient sie den Samen als Verwaltungszentrum. Felsritzungen belegen, dass schon in der Steinzeit Menschen am Altafjord gelebt haben.

SEHENSWERT

In der modernen **Nordlyskatedralen** gibt es eine bronzene Christusfigur, eine goldene Jakobsleiter und eine Lichtinstallation (Markedsgata 30; tgl. 9.00–15.00, So. ab 13.00 Uhr).

MUSEEN

Das preisgekrönte Alta Museum in Hjemmeluft informiert umfassend über die in der Nähe gefundenen Helleristninger. Nach dem Museumsbesuch kann man sich auf Wanderwegen viele Felsritzungen anschauen (Altaveien 19, www.altamuseum.no; Mitte Juni–Aug. tgl. 9.00 bis 19.00 Uhr, sonst teilw. deutlich kürzer).

Tipp

Blick in die Tiefe

Mit 6 km Länge und bis zu 400 m Tiefe ist der Alta-Canyon, auch Sautso-Canyon genannt, die beeindruckendste Schlucht Nordeuropas. Eine einfache, vierstündige Wanderung auf steinigen, feuchten und sumpfigen Pfaden führt zum Rand des Canyons und zurück. Von der Gargia Fjellstue fährt man gut 4 km auf einer steilen, unbefestigten Straße auf die baumlose Hochebene, bis man links auf einer Felsplatte parken kann. Hier beginnt der über weite Strecken markierte Wanderweg in Richtung Osten.

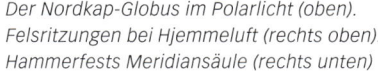

Der Nordkap-Globus im Polarlicht (oben). Felsritzungen bei Hjemmeluft (rechts oben). Hammerfests Meridiansäule (rechts unten)

HOTEL

Im **€€€ Sorrisniva Eishotel** schläft man in dicken Schlafsäcken auf Rentierfellen – dank Eisskulpturen und raffinierter Beleuchtung ein unvergessliches Erlebnis. Darüber hinaus bietet das Hotel vielerlei winterliche Aktivitäten an (Sorrisniva 20, 9518 Alta, Tel. 78 43 33 78, www.sorrisniva.no; Mitte Dez. bis Anf. April).

INFORMATION

Turistinformasjon Alta, Labyrinten 3, 9510 Alta, Tel. 99 10 00 22, http://visitalta.no

② Hammerfest

Dank seines ganzjährig eisfreien Hafens war das 1789 gegründete Hammerfest (7900 Einw.) immer ein wichtiger Fischer- und Handelsort. Seit einigen Jahren wird von hier die Erdgasförderung vor der Küste koordiniert und das Gas zum Weitertransport verflüssigt; ein Bauboom in der Stadt war die Folge. So sind viele der nüchternen Nachkriegsbauten, die nach der »Verbrannte Erde«-Aktion der Deutschen 1945 errichtet wurden, postmodernen Neubauten gewichen.

SEHENSWERT

Wahrzeichen des modernen Hammerfest ist das **Arktisk Kultursenter** mit seiner beleuchteten Glasfront (Strandgata 30, www.aks.no). Im **Isbjørnklubben** gibt es eine Ausstellung zu Fischfang und Arktisunternehmungen sowie einen ausgestopften Eisbären; wer möchte, kann Mitglied im Eisbärenklub werden (Strandgata 29, www.isbjornklubben.no; im Sommer Mo.–Fr. 10.00–3.00 Uhr). Die **Meridiansäule** von 1856 erinnert als UNESCO-Welterbe an die erste internationale Erdvermessung.

MUSEUM

Im **Gjenreisningsmuseet** wird die Geschichte von der Zerstörung der Stadt im Zweiten Weltkrieg und ihrem Wiederaufbau dokumentiert (Kirkegata 19, www.kystmuseene.no, Mo.–Mi. 10.00–15.00, Do. 10.00–18.00, Sa., So. 11.00 bis 14.00 Uhr).

ERLEBEN
Auf dem Aussichtsberg **Salen** befinden sich der Aussichtsturm Varden und das Restaurant Turistua mit herrlichem Weitblick (Turist-veien 101).

RESTAURANTS
Im € **Sweet Fantasy** ist der Name Programm: Wer ohne süßen Snack nicht auskommt, kommt immer wieder (Strandgata 27, https://sweetfantasy.no, tgl. 11.00 bis 18.00 Uhr).

INFORMATION
Hammerfest Turist, Hamnegata 3, 9600 Hammerfest, Tel. 78 41 21 85, https://visithammerfest.net/en

❸ Magerøy

Die baumlose Insel bildet den Ausgangspunkt für einen Besuch des Nordkaps. Wichtigster Ort ist die Fischersiedlung Honningsvåg (2200 Einw.), hier legen die Kreuzfahrtschiffe an und auch die Passagiere der Hurtigruten beginnen hier ihre Nordkapausflüge.

SEHENSWERT
Vom Parkplatz sind es nur wenige Schritte zur **Nordkaphalle**, durch die man auch das **Nordkap TOPZIEL** mit dem Globus erreicht. In der Halle gibt es eine Ausstellung zur Geschichte des Nordkaptourismus. Souvenirladen, Restaurant etc. vervollständigen das Angebot (www.visitnordkapp.net; Mitte Mai–Aug. tgl. 11.00–1.00 Uhr, sonst kürzer).
Dem Leben am nördlichsten Ende Europas ist das **Nordkap-Museum** gewidmet (Holmen 1, Honningsvåg; www.kystmuseene.no, Juni bis Aug. tgl. 11.00–16.00, sonst Mo.–Fr. 11.00 bis 14.30 Uhr).

ERLEBEN
Von Gjesvær (westl.) kann man mit dem Boot zum Vogelfelsen **Gjesværstappen** fahren (http://birdsafari.no). Von Skarsvåg (südöstl.) führt ein Spaziergang zur **Kirkeporten,** einer torförmigen Felsformation, durch die die Mitternachtssonne scheint. Nördlicher als am Nordkap ist man auf der Landzunge **Kniv-skjellodden** (Wanderung von einem Parkplatz an der E 69 zwischen Honningsvåg und Nordkap aus); von der flachen Landzunge schaut man hinüber zum Nordkapfelsen. The North Cape Experience veranstaltet Touren u. a. mit **Wal- und Polarlicht-Beobachtung** oder **Wanderungen** von der Horn-vika-Bucht zum Nordkap (https://northcape-experience.com).

VERANSTALTUNG
Mitte Juni wird in Honningsvåg das **Nordkapfestival** mit Orientierungslauf, Filmen, Konzerten und regionalen gastronomischen Spezialitäten veranstaltet.

HOTEL UND RESTAURANT
Das €€ **Scandic Bryggen** ist ein modernes Hotel mit Blick auf den Hafen von Honingsvåg, nur wenige Schritte vom Hurtigrutenkai entfernt (Vågn 1, 9750 Honningsvåg, Tel. 78 47 72 50, www.scandichotels.de).

UMGEBUNG
Auf dem Landweg ist es weit auf die **Nordkinn-Halbinsel** (östl.), mit den Hurtigruten fast nur ein Katzensprung. Ganzjährige Touren, einschließlich Besuchen bei samischen Familien, bietet Arctic Coast (https://arcticcoast.no).

INFORMATION
Visit Nordkapp, Fiskeriveien 4, 9750 Honningsvåg, Tel. 78 47 70 30, www.nordkapp.no

❹ Vardø

Zwischen Tanafjord und Varangerfjord ragt die Varanger-Halbinsel in die Barentssee. Nur an der Küste liegen kleine Orte wie Berlevåg, Båtsfjord, Vardø (1900 Einw.) und Vadsø, die ihre Existenz Fischfang und -verarbeitung verdanken. Bis zur Russischen Revolution 1917 florierte der »Pomorhandel« länderübergreifend.

SEHENSWERT
In Vardø, der östlichsten Stadt Norwegens, liegt die **Vardøhus Festning,** deren Anfänge bis ins 14. Jh. zurückreichen. König Christian ließ sie zum Schutz vor den Russen zwischen 1734 und 1738 zu der heutigen achteckigen Sternform umbauen (Festningsgaten 20, www.forsvarsbygg.no; Mitte April–Mitte Sept. tgl. 10.00 bis 21.00, sonst 10.00–18.00 Uhr).

ERLEBEN
Vor Vardø liegt die kleine Insel **Hornøy,** gut zu erkennen an ihrem Leuchtturm. Auf den Vogelfelsen brüten im Sommer mehrere Zehntausend Seevögel. Dann gibt es mehrmals tgl. Ausflugsfahrten von Vardø zu den Vogelfelsen (www.hornoya.com).

VERANSTALTUNGEN
In Vadsø findet Mitte August das **Varanger-Jazzfestival** statt (https://varangerfestivalen.no).

Blick durch Kirkeporten auf den Nordkapfelsen (links). Unterwegs auf dem russisch-norwegischen Grenzfluss (rechts oben). Festung Vardø (rechts unten)

RESTAURANT
In Nordnorwegens ältestem Gasthaus, dem €€/€ **Nordpol Kro,** wird seit den 1860er-Jahren Mack-Bier ausgeschenkt, dazu gibt es Pub-Food und hin und wieder Livemusik (Kaigate 21, Vardø, www.nordpolkro.no; Mo.–Fr. 10.00–15.00 und tgl. ab 20.00 Uhr).

INFORMATION
Visit Varanger, Tel. 93 82 42 48, www.visitgreaterarctic.com

❺ Kirkenes

Kirkenes (3400 Einw.) entstand erst zu Beginn des 20. Jh.s zur Versorgung des Eisenerztagebaus einige Kilometer weiter südl. 2015 wurde der Erzabbau – nicht zum ersten Mal – beendet. Wegen ihrer strategischen Bedeutung im Zweiten Weltkrieg litt die Stadt besonders stark unter Bombenangriffen und wurde vollständig zerstört. Seit 1908 ist der Hafen von Kirkenes der nördliche Wendepunkt der Hurtigrutenschiffe; hier endet auch die E 6.

MUSEEN
Das **Grenselandmuseet** beleuchtet die Zeit vor und nach dem Zweiten Weltkrieg und informiert über den Eisenerzabbau (Førstevannslia, www.varangermuseum.no; Mitte Juni–Ende Aug. tgl. 9.00–17.00, sonst bis 15.00 Uhr).

RESTAURANTS

Das Schneehotel am Bjørnevatn (westl.) bietet Übernachtungen in einem kunstvoll gestalteten Eispalast, viele Aktivitäten und ein Gourmet-Restaurant (Sandnesdalen 14, 9910 Bjørnevatn, Tel. 78 97 05 40, www.snowhotelkirkenes.com).

INFORMATION

Kirkenes Turistinformasjon, Dr. Wessels gate 15B, N-9900 Kirkenes, Tel. 78 99 50 80, www.visitkirkenes.info

6 Karasjok

In der inoffiziellen Hauptstadt der Samen (1800 Einw.) unterhalten diese Zeitung, Radiosender, Schule und das Parlament Sameting.

MUSEUM

Das **Riddo-Duottar-Museum** gibt Einblick in die Kultur und Geschichte der skandinavischen Ureinwohner (Mari Boine geaidnu 17, https://rdm.no; Mitte Juni–Mitte Aug. tgl. 9.00–18.00, sonst Di.–Fr. 9.00–15.00 Uhr). Zwischen Freilichtmuseum und Freizeitpark ist der **Sápmi Park** (Land der Samen) angesiedelt (Leavnnjage-aidnu 1), der vom örtlichen Scandichotel betrieben wird (Mitte Juni–Mitte Aug.). Zum Park gehört auch ein Restaurant in einem Nachbau einer samischen Gamme.

INFORMATION

Karasjok Turistinformasjon, im Scandic Hotel

7 Kautokeino

Kautokeino (1500 Einw.) ist ein relativ junger Ort, denn bis ins 17. Jh. lebten die meisten Samen noch nomadisch und zogen mit ihren Rentieren umher. Alltagssprache ist für fast alle Bewohner Samisch. Rings um den flächenmäßig weit ausgedehnten Ort breitet sich die menschenleere Finnmarksvidda aus.

MUSEUM

Das **Freilichtmuseum** ist eine traditionelle Samensiedlung und vermittelt einen Eindruck von überkommenen Lebensweisen (Riddo-Duottar-Museat, Boaronjárga 23, https://rdm.no; im Sommer Mo.–Fr. 9.00–16.00, Sa., So. 12.00–17.00 Uhr).

ERLEBEN

Beim **Osterfestival** stehen die Weltmeisterschaft im Rentierrennen, Filme, Konzerte und der Sami-Grand-Prix auf dem Programm.

EINKAUFEN

Schönen **Silberschmuck** nach samischer Tradition bekommt man in Juhls' Silvergallery (2 km südl. von Kautokeino, www.juhls.no; tgl. 10.00–18.00 Uhr, im Sommer länger).

INFORMATION

Thon Hotel Kautokeino, Biedjovággeluodda 2, 9520 Kautokeino, www.guovdageainnu.suohkan.no, https://nordnorge.com

ALLEIN UNTER VÖGELN

Große Teile der Varangerhalvøya, der Varanger-Halbinsel, sind fast menschenleer. Auf einer Fläche von etwas über 1800 Quadratkilometern schützt der gleichnamige Nationalpark, der nördlichste Norwegens außerhalb von Spitzbergen, eine einzigartige arktische Hochfjelllandschaft, die einen wichtigen Lebensraum des Polarfuchses darstellt. Arktische und ostsibirische Pflanzen sind genauso vorzufinden wie einer der nördlichsten Laubwälder der Welt oder Moore, Sumpf- und Feuchtgebiete.

Erschlossen wird die Halbinsel nur durch die Europastraße 75, die an der Südküste entlangführt. Östlich von Vadsø zweigt eine kleine Straße nach Ekkerøy ab; dem Namen nach müsste es eine Insel sein, doch ein Damm führt bis zu den bunten Häusern einer der ältesten Fischersiedlungen am Varangerfjord. Zu beiden Seiten des Damms liegen traumhafte Sandstrände, doch die meisten Besucher zieht es zu den nahen Vogelfelsen. Auf den schmalen Felsvorsprüngen brüten vor allem Möwen und veranstalten einen Höllenspektakel. Auf einem Wanderweg kann man Ekkerøy bequem umrunden und mit etwas Geduld viele der 50 hier heimischen Vogelarten beobachten.

Ekkerøy ist für (Hobby-)Ornithologen ein Paradies auf Erden.

Soll es mehr als ein kurzer Abstecher nach Ekkerøy sein, kann man sich in einem der historischen und denkmalgeschützten Ferienhäuser einquartieren. Von allen hat man einen grandiosen Blick über den Varangerfjord und kann zudem den Möwenschwärmen zuschauen. Seit 2009 erfüllt »Ekkerøy Feriehus« – als erster Betrieb in Finnmark und Troms – alle rund 100 Bedingungen eines Ökotourismusbetriebs. Treibende Kraft hinter dieser Idee ist die Geschäftsführerin und Gastgeberin Ingjerd Tjelle, die seit Jahren aktiven und nachhaltigen Natur- und Kulturschutz betreibt.

Ekkerøy Feriehus: 9811 Vadsø, Tel. 90 89 15 58, https://ekkeroy.net

Vom Hurtigruten-Anleger in Vadsø bis Ekkerøy sind es 15 km, von Kirkenes 185 km. Die Ferienhäuser können das ganze Jahr über gemietet werden, im Winter lohnt besonders die Nordlichtbeobachtung.

HILFREICH & NÜTZLICH

Keine Reise ohne Planung: Praktische Informationen für unterwegs und einiges Wissenswerte für einen Urlaub in Norwegens Norden haben wir hier für Sie zusammengestellt.

Die »Polarlys« der Hurtigruten im Trollfjord, der an der schmalsten Stelle nur 100 m breit ist

Anreise

Mit dem Auto: Von Deutschland nach Skandinavien gelangt man am besten mit der Fähre, die Brückenverbindung über Storebælt und Øresund ist weder preislich noch zeitlich besser. Nördlichster Fährhafen ist Bergen, das von Fjordline ab dem dänischen Hirtshals via Stavanger angefahren wird (www.fjordline.com/de). Alternativen sind die Verbindungen nach Oslo ab Kiel mit Color Line (www.colorline.de) bzw. ab Frederikshavn in Dänemark mit Stena Line (www.stenaline.de). Weitere Fährlinien, auch nach Schweden, listet das Internetportal aferry auf (https://www.aferry.de/).

Mit dem Flugzeug: Internationale Flüge bedienen hauptsächlich den Flughafen Oslo-Gardermoen. Günstige Inlandsflüge nach Trondheim und Tromsø bietet die norwegische Airline Norwegian (www.norwegian.com). SAS (www.flysas.com) und Widerøe (www.wideroe.no) fliegen fast jeden Ort in Nordnorwegen an, allerdings teilweise zu hohen Preisen.

Mit der Bahn: Von mehreren deutschen Großstädten fahren Züge über Hamburg und Kopenhagen nach Oslo. Ab Hamburg ist man nach Oslo ca. 20 Std. unterwegs (www.bahn.de). Von Oslo geht es mit Vy (www.vy.no), ehemals Norges Statsbaner, weiter nach Trondheim und Bodø. Wer noch weiter nach Norden möchte, fährt über Stockholm nach Narvik (www.sj.se).

Mit dem Bus: Von Deutschland gibt es regelmäßige Verbindungen nach Oslo (ab 17 Std.; www.eurolines.de, www.flixbus.de). Von Oslo fährt NOR-Way-Bussekspress weiter über Trondheim in praktisch alle größeren Städte Nordnorwegens (www.nor-way.no).

Mit dem Schiff: Hurtigruten verkehrt mehrmals wöchentlich von Bergen bis Kirkenes (www.hurtigruten.de). Havila Voyages: Seit 2021 fährt auch diese Reederei auf der Route Bergen – Kirkenes – Bergen mit mehreren umweltfreundlichen Schiffen, unterwegs werden 34 Häfen angelaufen. Infos und Buchungen unter Tel. +49 8007243122 und www.havila voyages.com. Autofähren und Schnellboote (nur Personen und Fahrräder) fahren zu praktisch allen Inseln; der größte Anbieter ist Boreal (www.boreal.no).

Reisedokumente: Für die **Einreise** nach Norwegen wird ein gültiger Personalausweis oder Reisepass und ggfs. nationaler Führerschein benötigt.
Für **Haustiere** muss bei der Einreise eine Bescheinigung über erforderliche Impfungen vorgezeigt werden. Zudem benötigt man den blauen (Haustier-)EU-Pass.

Auskunft

Die zentrale Informationsstelle in Deutschland für Norwegen ist **Innovation Norway** (www.visitnorway.de; Caffamacherreihe 5, 20355 Hamburg, Tel. 040 229 41 50). Die Webseite ist sehr umfangreich und bietet Infos für alle Reisearten. Gedruckte Broschüren werden nicht mehr verschickt, aber für unterwegs kann man sich die App (Android oder iOS) herunterladen. In Nordnorwegen findet man in vielen Orten eine Touristeninformation. Informative **Websites** sind www.norwegenservice.net, www.nordlandblog.de und www.norwegen-freunde.com.

Autofahren

Die zulässige **Höchstgeschwindigkeit** liegt bei 50 km/h in geschlossenen Ortschaften, 80 km/h außerhalb bzw. 60 km/h für (ungebremste) Gespanne. Eine Überschreitung kann sehr teuer werden. Die **Blutalkoholgrenze** liegt bei 0,2 ‰, bei Überschreitung sind selbst Haftstrafen möglich (auch für Ausländer). Tagsüber ist in Norwegen mit **Abblendlicht** zu fahren. **Treibstoffpreise** sind höher als in Deutschland. In Norwegen muss man auf zahlreichen neuen Streckenabschnitten **Maut** bezahlen. Alle Mautstationen sind automatisiert; das Kennzeichen wird per Kamera registriert und die Rechnung nach einigen Wochen zugeschickt (weitere Infos, auch auf Deutsch, unter www.autopass.no). Das **Nationalitätskennzeichen** ist Pflicht, der nationale Führerschein ausreichend. Die Internationale Versicherungskarte ist nicht vorgeschrieben, ihre Mitnahme wird aber empfohlen.
Viele Passstraßen sind im **Winter,** der im Norden von Ende Okt. bis Mai währen kann, gesperrt; selbst auf der E 6 muss man bei Gebirgsübergängen mit Kolonnenverkehr hinter einem Schneepflug rechnen. Winterreifen sind Pflicht, Schneeketten empfehlenswert.

Bei **Pannen** hilft der NAF (Norges Automobil Forbund, Tel. 08 5 05) rund um die Uhr; Pannenhilfe ist für Mitglieder deutscher Automobilclubs kostenlos.
Die **Treibstoffpreise** liegen über dem aus Deutschland gewohnten Niveau.

Essen und Trinken

Restaurantbesuche in Norwegen sind ein teures Vergnügen. Preisgünstiger kann man tagsüber essen, oft gibt es ein »dagens rett« oder »dagens lunch«. Eine **Auswahl empfehlenswerter Restaurants** gibt es in diesem Heft auf den Infoseiten der Regionalkapitel. »Rømmegrøt« ist die urnorwegische Mahlzeit schlechthin, eine fette Grütze aus saurer Sahne, mit Grieß oder Mehl gebunden, die mit Zucker, Zimt und einer Butterkugel serviert wird. Diese süße Kalorienbombe ersetzt eine vollständige Mahlzeit. Nicht wegzudenken von der Speisekarte sind »kjøttpudding« und »kjøttkaker«, zwei Variationen aus Hackfleisch, die ähnlich wie Frikadellen schmecken. Neben Schweine- und Rindfleisch kommen auch »elg« oder »reinsdyr« auf den Tisch. Neben gebratenem, gedünstetem, gegrilltem oder geräuchertem Lachs sollte man auch »gravet laks«probieren, der roh mit Pfeffer, Salz und Dill für 24 Stunden eingelegt wird. Ein günstiges Essen sind Fischbuletten (»fiskeboller«, »fiskepudding« oder »fiskekaker« genannt). Nur Norwegenenthusiasten finden Gefallen an »lutefisk«, Stockfisch, der einige Tage in einer Lauge und dann noch in Wasser renaturiert wird. Für viele Norweger ist er ein traditionelles Weihnachtsessen. »Geitost« wird aus Ziegen- und Kuhmilch hergestellt, die durch langsames Einkochen karamellisieren. Mit dem Käsehobel in feine Scheiben geschnitten, wird er auf »flatbrød« gelegt und mit einem Klecks Marmelade gegessen. Eine andere Käsespezialität ist »gamalost« (»alter Käse«).

Preiskategorien

€ € €	Hauptspeisen	über 300 NOK
€ €	Hauptspeisen	200 – 300 NOK
€	Hauptspeisen	unter 200 NOK

*Frischer geht's nimmer:
In Trondheims Fischmarkt
Ravnkloa kommen Fischlieb-
haber voll auf ihre Kosten.*

Als **Getränk** steht Kaffee hoch im Kurs, selbst um Mitternacht befindet sich eine Kanne auf dem Tisch. Außer Kaffee trinken die Norweger gerne Milch in allen Variationen; »h-melk« ist Vollmilch, »lett melk« die fettarme Variante, »kulturmelk« ähnelt Buttermilch, »skummet kulturmelk« ist fettarme Buttermilch. In jedem Supermarkt gibt es noch verschiedene Sauer-milcharten wie »cultura« und »kefir«.
Alkoholische Getränke sind erheblich teurer als in Deutschland; mit Ausnahme von Bier werden sie nur in größeren Städten in staatli-chen Vinmonopolet-Läden verkauft. Hotels und Restaurants haben meist eine Schankerlaubnis.

Feiertage

Feiertage sind der 1. Jan., Gründonnerstag, Karfreitag und Ostermontag, der 1. Mai, der 17. Mai (Nationalfeiertag), Christi Himmelfahrt, Pfingstmontag, Sankt Hans (Mittsommertag, 24. Juni) sowie der 25. und 26. Dez.

Geld

Zahlungsmittel ist die Norwegische Krone (NOK). Bargeldloses Zahlen, selbst bei Kleinstbeträge, ist absolut üblich. Norwegen ist ein Hochlohn-land, weshalb die meisten Grundnahrungsmit-tel teurer als zu Hause sind.
Umrechnungskurs: 1 € = 11,75 NOK, 10 NOK = 0,85 €. Aktuelle Wechselkurse unter www. oanda.com

Gesundheit

In Norwegen wird die **Europäische Versiche-rungskarte** akzeptiert, die von den Kranken-kassen zu Hause ausgestellt wird. Für einen Arztbesuch und für Medikamente werden den-noch Zuzahlungen fällig. Der Abschluss einer privaten **Reisekrankenversicherung**, die auch den Krankenrücktransport abdeckt, ist sehr zu empfehlen.

Jedermannsrecht

»Freiheit in der Verantwortung« – so könnte man das Motto des über Jahrhunderte gewach-senen »Allemannsretten« umschreiben. Es legt u. a. fest, dass man überall einige Nächte zelten darf, sofern sich der Standort nicht auf einer landschaftlichen Nutzfläche oder in der Nähe eines Wohnhauses befindet. Gruppen müssen die Erlaubnis des Eigentümers einholen. Auch für Einzelreisende gehört es sich, um Erlaubnis

zu bitten – besonders dann, wenn man mehr als eine Nacht bleiben will. Immer gilt: Stören Sie niemanden und hinterlassen Sie keine Spuren!

Notruf

Feuerwehr 110
Polizei 112
Krankenwagen 113

Öffnungszeiten

Öffnungszeiten werden recht flexibel gehand-habt. Geschäfte und Supermärkte öffnen meist gegen 9.00 und schließen um 17.00/ 18.00, Supermärkte um 20.00, Sa. etwa um 14.00 bzw. 18.00 Uhr. Banken haben Mo.–Fr. 8.30–15.00/ 15.30, Do. bis 17.00 Uhr geöffnet, Postämter Mo.–Fr. 8.00–16.00, Sa. bis 13.00 Uhr, Vinmono-polet Mo.–Fr. 10.00–16.00, Do. bis 17.00, Sa. 9.00–13.00 Uhr. So. ist überall Ruhetag.

Sport

Angeln: Im Meer und in den Fjorden kann man nach Belieben angeln. Ansonsten benötigen alle Angler über 16 Jahre eine Angellizenz (fiskeravgift). Man bekommt sie unter https:// fiskeravgift.miljodirektoratet.no. Zusätzlich be-nötigt man einen örtlichen Angelschein (fiske-

---

Info

Daten & Fakten

Landschaft: Mit rund 385 200 km² Fläche ist Norwegen fünftgrößter Staat Europas. Die Hälfte des gebirgigen Landes liegt höher als 500 m, ein Viertel sogar über 1000 m. Wälder Täler, Hochebenen, hochalpine Regionen und Gletschergebiete wechseln sich ab. Mit dem Galdhøpiggen (2469 m) besitzt Norwegen den höchsten Berg Skandinaviens. Der mari-tim geprägte Westteil Norwegens zeichnet sich durch mächtige Fjorde aus. Sie reichen bis zu 200 km ins Landesinnere, in dem mit Hardangervidda, Jotunheimen, Dovrefjell und Rondane die höchsten Gebirge zu finden sind (alle als Nationalparks ausgewiesen).
Verwaltung: Norwegen ist eine parlamenta-rische Monarchie, Staatsoberhaupt ist der König, zurzeit Harald V. Die politische Macht liegt aber beim Parlament (Storting), das alle vier Jahre gewählt wird, Gesetze verabschie-det und die Regierung kontrolliert. Das Land gliedert sich verwaltungstechnisch in 19 Fyl-ker, die wie die über 400 Gemeinden umfas-sende Selbstbestimmungsrechte besitzen.
Bevölkerung: Bei rund 5,41 Mio. Norwegern und 14 Einw./km² besitzt das Land eine der niedrigsten Bevölkerungsdichten Europas. Rund 80 % der Norweger leben in Küsten-nähe und im Süden und Westen des Landes,

mehr als 20 % im Ballungsraum um die Hauptstadt Oslo. In den drei großen Provin-zen Nordnorwegens sind gerade mal 10 % der Bevölkerung beheimatet. Die meisten der schätzungsweise 30 000 bis 60 000 norwegi-schen Samen leben in Nordnorwegen. Ihr Siedlungsgebiet nennen sie Sápmi oder Same Ätnan.
Wirtschaft: Norwegen zählt heute zu den reichsten Ländern der Welt. Der Wohlstand ist in erster Linie den Erdöl- und Erdgasreserven im norwegischen Festlandssockel zu verdan-ken. Ab 1980 hat sich Norwegens Offshore-Erdölförderung mehr als vervierfacht und das Land zu einem der großen Erdölexporteure der Welt gemacht. Energieintensive Wirt-schaftszweige wie Metallerzeugung, die Pro-duktion chemischer Rohstoffe und Holzver-arbeitung machen einen erheblichen Teil der auf Export ausgerichteten Industrien aus. Hinzu kommen Schiff- und Offshore-Platt-form-Bau sowie die Herstellung elektrischer und elektronischer Artikel. Eine weitere Aus-fuhrbranche ist die Aquakultur. Landwirtschaftlich genutzt werden nur rund 3 % der Landesfläche Norwegens, hauptsäch-lich im Flachland um den Oslofjord und süd-lich von Stavanger.

kort), den es in Tourist-Informationen, Sportgeschäften und auf Campingplätzen gibt. Die Saison für Lachs und Meerforelle dauert von Juni bis August. Pro Person darf man maximal zwei Mal je 18 kg Fisch ausführen, der muss aber unter Leitung eines registrierten Fischereibetriebs geangelt worden sein.

Golf: Golf ist in Norwegen Volkssport. Golfplätze findet man praktisch überall, sogar am Nordkap (Übersicht unter www.leadingcourses.com/region/europe+norway). Auf den meisten können Gäste ein Greenfee lösen.

Radfahren: Auch wenn Norwegen gebirgig ist, gibt es doch genügend Strecken ohne große Höhenunterschiede. Das beste Beispiel dafür sind die Lofoten. Auf Wind und Regen muss man allerdings vorbereitet sein. In Überlandbussen, der Bahn, auf Küstenschiffen und den Hurtigruten können Fahrräder mitgenommen werden. Hilfreich für die Tourenplanung ist Sykkelturisme i Norge (www.facebook.com/cyclingnorway).

Wandern: Der Norwegische Wanderverein DNT unterhält ein dichtes Netz markierter Wanderwege und Hütten. Beim DNT erhält man Wanderkarten und Routenvorschläge und kann geführte Touren buchen. Mitgliedern stehen alle Hütten offen (Den Norske Turistforening, Tel. 22 82 28 22, www.dnt.no).

Wassersport: Erfahrene Kajakfahrer finden entlang der Küsten Nordnorwegens ein Traumrevier. Das Meer vor Tromsø und Narvik ist voller Wracks und ein Dorado für Sporttaucher. Die Lofoten zählen zu den schönsten Tauchrevieren,

Wintersport: Um Narvik und Tromsø befinden sich die nördlichsten Alpingebiete Norwegens. Die Langlaufskier anschnallen kann man in der gesamten Finnmarksvidda. Stabile Schneeverhältnisse und lange Tage ab Anfang März machen Skilaufen zum Vergnügen.

Telefon und Internet

Vorwahl für Anrufe nach Deutschland: 0049, nach Österreich: 0043, in die Schweiz: 0041. Vorwahl für Anrufe nach Norwegen ist 0047, gefolgt von der achtstelligen Teilnehmernummer. **Mobilnummern** erkennt man an der ersten Ziffer, die entweder eine »9« oder eine »4« ist. Roaming-Gebühren fallen keine an. Das gilt auch für mobiles Internet. Fast überall steht miindestens ein 4G-Netz zur Verfügung.

Unterkunft

Hotels: Die meisten Hotels gehören zu Ketten und bieten einen guten Standard. Im Sommer und an Wochenenden gibt es oft Ermäßigungen.

Pensionen/Privatzimmer: »Gjestgiveri«, »gjestegård« und »pensjoner« sind preisgünstiger als Hotels; Privatzimmer werden unter »rom«, »værelser« und »overnatting« angeboten. Bed-&-Breakfast-Unterkünfte vermitteln meist auch die örtlichen Touristenbüros. Weitere Informationen bei Bed & Breakfast Norway (www.bbnorway.com).

Info

Geschichte

8.–4. Jt. v. Chr.: Im Bereich des Oslofjords tritt die Nøstvet-Kultur auf, die bereits das Töpferhandwerk ausübt.

872: Harald I. Schönhaar, erster König norwegischer Nation, vereint die norwegischen Stämme zu einem Reich. Die Besiedlung Islands und Grönlands nimmt ihren Anfang, die nordamerikanische Küste wird entdeckt.

10. und 11. Jh.: König Olav I. Tryggvason versucht die Wikinger unter dem Christentum zu einen.

1015–1028/30: Olav II., der Heilige, fällt als Märtyrer im Kampf für Reich und Christentum und wird später heiliggesprochen. Sein Grab in Trondheim ist im Mittelalter bedeutendste Wallfahrtsstätte des Nordens.

ab 1278: Der Hanse-Handel blüht auf, bringt aber 1349 auch die Pest nach Norwegen.

1387–1814: Norwegen steht unter dänischer Herrschaft und wird praktisch zu einer Kolonie des südlichen Nachbarn.

19. Jh.: Nach den Napoleonischen Kriegen erhält Schweden 1814 Norwegen; bis 1905 werden beide Länder in Personalunion regiert.

1905–1918: Norwegen wird 1905 selbstständiges Königreich (Konstitutionelle Monarchie). Es bleibt im Ersten Weltkrieg neutral.

1940–1945: Im Frühjahr 1940 erfolgt die Invasion und Besetzung Norwegens durch die deutsche Wehrmacht. Viele Städte im Norden werden v.a. 1945 zerstört.

ab 1969: Große Gas- und Ölvorkommen in der Nordsee werden erschlossen. Norwegen steigt zum reichsten Land Europas auf.

1972 und 1994: Die Norweger sprechen sich 1972 und 1994 gegen eine Mitgliedschaft in den EWG bzw. in der EU aus.

1987–1989 Das norwegische Parlament verabschiedet das Sami-Gesetz, das der indigenen Bevölkerung ein eigenes Parlament zugesteht. Die erste Sitzung des Sameting wird 1989 von König Olav V. in Karasjok eröffnet.

2007: Norwegen verpflichtet sich, bis 2050 »Null-Emissions-Staat« zu werden.

2008: Stavanger ist europäische Kulturhauptstadt.

2011 Bei Terroranschlägen sterben in Oslo und auf der Insel Utøya 77 Menschen.

2020: Von den drei skandinavischen Ländern hat Norwegen in der Covid-19-Pandemie die wenigsten Infektionsfälle und die niedrigste Sterberate.

2023: Hurtigruten und Havila Voyages veranlassen eine umfangreiche Flottenmodernisierung.

Ferienhäuser: Das Angebot meist naturnaher Ferienhäuser ist sehr vielfältig. Auf den Lofoten werden Ferienhäuser als Rorbuer angeboten und liegen direkt am Wasser. Große Anbieter sind www.novasol.de oder www.dancenter.de.

Campingplätze: In ganz Norwegen gibt es mehr als 1000 Campingplätze, oft in wunderschöner Lage. Die Preise sind – im Vergleich zum sonstigen Preisniveau – günstig. Viele Campingplätze bieten zudem Hütten an, die man auch tageweise mieten kann. In Städten gibt es Wohnmobil-Stellplätze (bobilparkering), meist nicht schön gelegen, aber preisgünstig und zentrumsnah. Ausführliche Informationen unter www.camping.no.

Jugendherbergen: Die Jugendherbergen in Nordnorwegen (»vandrarhjem«) können alle nutzen, Radfahrer und Wanderer genießen jedoch Vorrang. Mit dem Ausweis einer JH-Organisation bekommt man Rabatt. Angeboten werden sowohl Betten in Mehrbettzimmern als auch Doppel- und Familienzimmer. Informationen unter www.hihostels.no.

Eine **Auswahl empfehlenswerter Unterkünfte** gibt es auf den Infoseiten der Regionalkapitel in diesem Heft.

Wetter und Reisezeit

Norwegische Sommer können richtig warm sein, aber auch nasskalt, windig und wolkig. Selbst im Sommer muss man auf alle Wettersituationen vorbereitet sein, vor allem bei Wanderungen im Gebirge. Mütze und Handschuhe gehören auch im Sommer ebenso wie Regenkleidung ins Reisegepäck.

Die beste **Reisezeit** für Nordnorwegen ist von Mitte Juni bis Ende August. Ab September kommt in Norwegen der »Indian Summer«. Am Nordkap scheint die Mitternachtssonne von Mitte Mai bis Ende Juli. Der Golfstrom sorgt auch im Winter dafür, dass das Meer bis in den hohen Norden eisfrei bleibt. Im Landesinnern fallen die winterlichen Temperaturen dagegen weit unter den Gefrierpunkt.

Ja, es gibt sie, die **Mückenplage**. Deshalb unbedingt lange Hosen und langärmelige Hemden einpacken und genügend Mückenschutzmittel.

Zoll

Norwegen ist **nicht Mitglied der EU:** So dürfen ab 18 Jahren 3 l Wein (bis 22 Vol.%) und 2 l Bier eingeführt werden, ab 20 Jahren alternativ auch 1,5 l Wein, 2 l Bier und 1 l Spirituosen (bis 60 Vol.%). Tabak darf man ab 18 Jahren einführen: 200 Zigaretten oder 250 g Tabak. Weitere Informationen: www.toll.no/en.

REGISTER

Impressum

3. Auflage 2024
© DuMont Reiseverlag, Ostfildern

Verlag: DuMont Reiseverlag, Postfach 3151, 73751 Ostfildern, Tel. 0711 45 02-0,
Fax 0711 45 02-135, www.dumontreise.de
Geschäftsführer(in): Dr. Stephanie Mair-Huydts, Markus Schneider
Programmleitung: Andrea Wurth
Redaktion: Robert Fischer (www.vrb-muenchen.de)
Text: Dr. Christian Nowak, Berlin
Exklusiv-Fotografie: Olaf Meinhardt und Thomas Härtrich
Titelbild: lookphotos/age fotostock (Mortsund, Lofoten)
Zusätzliches Bildmaterial: S. 50 o. l. Kristian Helgesen, 50 o. r. picture-alliance/
Nina Ruud, 50 u. l. picture-alliance/Cornelius Poppe, 50 u. r. picture-alliance/
Berit Roald, 83 The Whale, Dorte Mandrup A/S, Rendering by MIR, 89 o. Elements
Arctic Camp/Karl Henrik Lillebye, 94 u. DuMont Bildarchiv/Gerald Hänel, 99 l.
Elements Arctic Camp/Per-Magnar Halvorsen, 99 M. Kristin Folsland Olsen, 99 r.
Marie Louise Somby, 113 l. u. DuMont Bildarchiv/Ola Røe, 115 l. mauritius images/
Alamy/Sigrun Eriksen, 115 r. mauritius images/Alamy/Panther Media, 120 l. laif/
robertharding/Tim Graham, 120 r. DuMont Bildarchiv/Gerald Hänel, 121 l. o.
Shutterstock/Nina Osintseva, 121 r. o. Shutterstock/Björn Wylezich, 121 u. laif/
Toma Babovic
Grafische Konzeption, Art Direktion: fpm factor product münchen
Cover-Gestaltung, Layout: CYCLUS · Visuelle Kommunikation, Stuttgart
Kartografie: © MAIRDUMONT GmbH & Co. KG, Ostfildern
Kartografie Lawall (Karten für »Unsere Favoriten«)
DuMont Bildarchiv: Marco-Polo-Straße 1, 73760 Ostfildern, Tel. 0711/4502-0,
bildarchiv@mairdumont.com

Für die Richtigkeit der in diesem DuMont Bildatlas angegebenen Daten –
Adressen, Öffnungszeiten, Telefonnummern usw. – kann der Verlag keine Garantie
übernehmen. Nachdruck, auch auszugsweise, nur mit vorheriger Genehmigung
des Verlages. Erscheinungsweise: vierteljährlich.

Anzeigenvermarktung: MAIRDUMONT MEDIA, Tel. 0711/4502-333,
media@mairdumont.com, http://media.mairdumont.com
Vertrieb Zeitschriftenhandel: PARTNER Medienservices GmbH, Postfach
810420, 70521 Stuttgart, Tel. 0711/7252-212
Vertrieb Abonnement: Leserservice DuMont Bildatlas,
Zenit Pressevertrieb GmbH, Postfach 810640, 70523 Stuttgart,
Tel. 0711/7252-265, dumontreise@zenit-presse.de
Vertrieb Buchhandel und Einzelhefte: MAIRDUMONT
GmbH & Co KG, Marco-Polo-Straße 1, 73760 Ostfildern,
Tel. 0711/4502-0
Reproduktionen: PPP Pre Print Partner
GmbH & Co. KG, Köln

Printed in Germany

Urlaub erinnern...

Jeder Urlaub geht einmal zu Ende – was bleibt, sind die Mitbringsel, aber auch die Erinnerungen an Land und Leute, an Aromen und Düfte und an manche Kuriosität.

DER WINTER KANN KOMMEN

Ein echter Norwegerpullover ist viel mehr als ein Souvenir. Früher haben die Frauen der Fischer sie aus grober Wolle gestrickt, damit ihre Männer es auf See ein wenig angenehmer hatten. Heute gibt es sie immer noch aus grober Schafwolle oder – für empfindliche Haut – aus kuschelweicher Merinowolle. Allen gemeinsam ist nach wie vor das typische Muster, in dem oft die achtblättrige Selburose eine wichtige Rolle spielt. Nicht gerade ein Schnäppchen, aber hochwertig und langlebig sind die Pullover von Dale of Norway.

BOTSCHAFTEN AUS DER STEINZEIT

Wer waren die Menschen, die während der Stein- und Bronzezeit Tausende Piktogramme, die sogenannten Helleristninger, in Felsen geritzt haben? Hauptsächlich sind es Tiermotive, aber auch Menschen und Schiffe. Bildeten sie vielleicht eine der ersten Religionen der Menschheit ab? Wir wissen es nicht, denn es gibt viel mehr Fragen als Antworten. Fragen, die die Fantasie beflügeln und lange nachhallen.

BUNTE STEINE

Es gibt kaum etwas Faszinierenderes als mit Steinen übersäte Strände. Nicht unbedingt zum Baden, aber zum Fotografieren – am besten bei leichtem Nieselregen, denn dann wirken die Farben viel kräftiger. Einer meiner Lieblingsstrände liegt zwischen Vardø und Hamningberg auf der Varanger-Halbinsel, ziemlich am Ende der Welt, dafür aber garantiert einsam. Dicht an dicht liegen sie hier, die kleinen, bunten Steine, manche zudem noch von farbigen Algen überzogen – endlos lässt sich hier stöbern, schauen, staunen.

LAND DER TROLLE

Trolle sind groß, bärenstark, bucklig, haben lange Nasen und sind ziemlich einfältig. Ob Trollheimen, Trollstigen oder Trolldalen, unzählige Landschaften werden mit ihnen in Verbindung gebracht. Wer bei Nebel oder in der Dämmerung durch Norwegen wandert, wird nicht daran zweifeln, dass es diese merkwürdigen Gestalten gibt. Schließlich stehen sie auch in jedem Souvenirladen...

KUNST AUS DEM HOHEN NORDEN

Die Lofoten üben seit jeher eine magische Anziehungskraft auf Künstler aus. Deshalb lohnt immer wieder ein Bummel durch die Galerien der Lofotenhauptstadt Svolvær. Das dortige Nordnorsk Kunstnersenter bietet allen Künstlern Nordnorwegens ein Schaufenster, hier findet man – auch wenn man kein Vermögen investieren möchte – garantiert ein originelles Souvenir.

DER GESCHMACK LAPPLANDS

Himbeeren, Brombeeren, Erdbeeren oder Heidelbeeren bekommt man überall, Moltebeeren aber nur im hohen Norden. Man kann die teure Delikatesse gefroren mit Zucker essen, mit ihr Süßspeisen verfeinern oder sie als Likör genießen. Als Souvenir eignet sich vor allem ein Glas Konfitüre.

»DIE LANDSCHAFT IST SO SCHÖN, DASS ES INNERLICH SCHMERZT.«

Die Schauspielerin Liv Ullman über ihre Heimat

MAGISCHE LICHTSTIMMUNGEN

Manchen bereitet sie schlaflose Nächte, andere werden geradezu süchtig nach dem Licht der Mitternachtssonne. Für mich ist es immer wieder faszinierend, wenn sich die Stille der Nacht über die Landschaft legt und die Sonne stundenlang am Horizont entlangwandert und alles in ein magisches Licht taucht. Für diese Momente verzichtet man doch gern auf ein wenig Schlaf.

DER GERUCH DES GELDES

An den Geruch, als ich das erste Mal im winterlichen Stamsund von Bord der Hurtigruten gegangen bin, werde ich mich wohl ewig erinnern. Auf den Holzgestellen rund um den Ort hingen massenweise Fische zum Trocknen und verströmten ihr unverkennbares Aroma – für die meisten Besucher aus dem Binnenland ist es gewöhnungsbedürftig, für die Nordländer aber seit Jahrhunderten der Geruch des Geldes.

AUF WALSAFARI

Das Skelett eines Pottwals vermittelt schon einen guten Eindruck von der Größe des Tieres. Doch wenn während einer Walsafari neben meinem Boot solch ein »Moby Dick« auftaucht, spüre ich nur noch Ehrfurcht vor diesen bis zu 20 Meter langen und 40 Tonnen schweren Meeressäugern. Als ob Pottwale wüssten, wie sie Menschen eine Freude machen können, zeigen sie beim Abtauchen für einen kurzen Augenblick ihre gewaltige Fluke – ein Anblick, den ich nie wieder vergesse.

LUST AUF MEHR

Jeden Tag aufs Neue genießt man in Nordnorwegen ein fantastisches Panorama: einsame Küsten, ein Gewirr aus kleinen und großen Inseln und schroffe Berge, die von unvorsichtigen Trollen erzählen, die zu Stein erstarrt sind. Das weckt den Wunsch wiederzukommen und dann genug Zeit zu haben, noch viel häufiger an dieser endlos langen Küste Halt zu machen und all die Gipfel, Gletscher und Täler im Landesinneren zu erkunden.

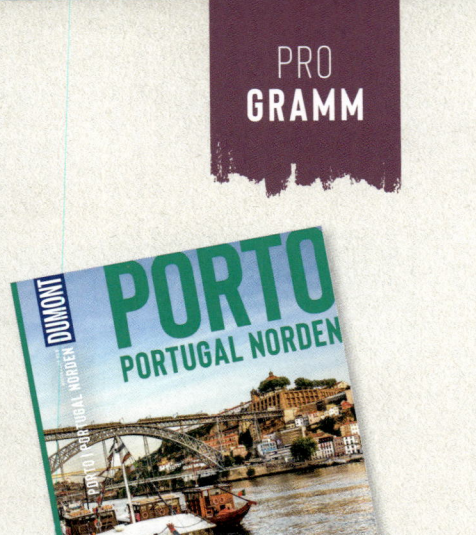

PORTO
PORTUGAL NORDEN

Die Schöne am Douro
Lange im Schatten Lissabons hat sich Porto in den letzten Jahren in der ersten Riege der weltweiten Topreiseziele einen Platz gesichert. Und das zu Recht! Sehen Sie selbst!

Mittelalter live
Abseits der Küsten scheint in Nordportugal die Zeit stillzustehen – ein Besuch in den »historischen Dörfern« zwischen Coimbra und Porto ist ein besonderes Erlebnis.

www.dumontreise.de

OSTSEEKÜSTE
MECK-POMM

Im Zeichen der Hanse
Wir stellen die Stadtschönheiten Rostock, Stralsund, Wismar, Greifswald und Anklam mit ihren Sehenswürdigkeiten ausführlich vor.

Strände ohne Ende ...
... und für jeden Geschmack mit guter Infrastruktur oder ganz naturbelassen. Finden Sie mit Hilfe des DuMont Bildatlas Ihr persönliches Strandparadies.

LIEFERBARE AUSGABEN